처음 읽는 코스모스

MI PRIMER LIBRO DEL COSMOS

text by Sheddad Kaid-Salah Ferrón and illustrations by Eduard Altarriba

Copyright © Editorial Juventud, 2020
Text © by Sheddad Kaid-Salah Ferrón and Illustrations © Eduard Altarriba
Original Title: Mi primer libro del cosmos
This edition published by agreement with Editorial Juventud, 2020.
www.editorialjuventud.es
All rights reserved.
Korean Translation Copyright © Dourei Publication Co., 2021
Korean translation rights arranged through Iniciativas Empresariales Ilustrata S.L. in conjunction with Orange Agency.

이 책의 한국어판 저작권은 Orange Agency를 통해 Editorial Juventud와 독점계약을 맺은 두레출판사가 갖고 있습니다. 저작권법에 의해 한국 내에서 보호를 받는 저작물이므로 무단으로 전재하거나 복제할 수 없습니다.

처음 읽는 코스모스

세다드 카이드-살라 페론 글 • 에두아르드 알타리바 그림 • 이충호 옮김 • 김선배 감수

두레아이들

차례

- 6 들어가는 말
- 7 중력
- 8 뉴턴의 중력
- 10 아인슈타인의 중력
- 13 중력 렌즈
- 14 우주는 어떻게 시작되었을까?—빅뱅
- 16 은하
- 19 우주의 크기
- 20 별은 어떻게 탄생할까?
- 22 별의 종류
- 24 별의 일생
- 25 태양
- 26 별은 어떻게 죽을까?
- 28 지구 밖에도 생명이 존재할까?
- 29 외계 행성
- 30 탈출 속도
- 31 달은 왜 떨어지지 않을까?
- 32 블랙홀
- 36 우주 배경 복사
- 38 암흑 물질 수수께끼
- 40 우주망
- 42 팽창하는 우주
- 44 암흑 에너지
- 46 중력파
- 48 웜홀
- 52 우주는 어떤 모양일까?
- 54 관측 가능한 우주
- 56 우주 달력
- 58 감사하는 말

들어가는 말

은하와 블랙홀, 별, 행성, 소행성, 혜성, 암석, 먼지, 동물, 식물, 사람, 원자, 입자, 빛 등을 포함해 우리가 아는 모든 것, 그리고 알지 못하는 모든 것을 다 합쳐서 우주라고 불러요.

다시 말해서, 우주는 세상에 존재하는 모든 것을 말해요. 여기에는 모든 질량과 에너지가 존재하는 시간과 공간까지 포함됩니다.

그런데 우주는 왜 존재할까요? 그냥 아무것도 없을 수도 있지 않나요? 사실, 우주는 아무것도 없는 상태에서 생겨났어요.

자, 그러면 우주가 태어난 순간부터 시작해 끝나는 순간까지 우주의 전체 생애를 살펴보는 여행을 떠나 보기로 해요. 그러면서 우주의 여러 가지 수수께끼도 살펴볼 거예요. 우주의 거대 구조를 결정하는 것은 중력이므로,

먼저, 중력이 무엇인지부터 알아볼까요?

중력

중력은 이미 들어 보았을 거예요. 중력은 우리를 땅에 붙어 있게 하지요. 그래서 우리는 넘어지면 땅에 부딪쳐요.

중력은 물체들이 질량 때문에 서로 끌어당기는 힘이에요.

아무것도 없는 곳에서 두 물체(예컨대, 아래 두 우주비행사)를 어느 정도 거리를 두고 떼어 놓으면, 두 물체는 점점 서로 가까이 다가가기 시작해요. 가까워질수록 속도가 점점 빨라지다가 마침내 두 물체는 충돌해요.

중력은 인력이에요.

다시 말해서, 중력은 밀어내는 힘이 아니라 항상 끌어당기는 힘으로 작용해요. 이것은 '반중력'이 존재하지 않는다는 뜻이에요. 그러니 공상 과학 영화에 나오는 것처럼 반중력 스케이트보드를 타고 하늘을 나는 꿈은 실현될 가망이 없어요.

물체의 질량이 클수록 중력의 세기도 커져요.

서로 가까이 있는 큰 물체들은 서로 멀리 떨어져 있는 작은 물체들보다 더 강한 중력으로 서로를 끌어당겨요.

두 물체 사이의 거리가 가까울수록 중력의 세기가 커져요.

중력은 우주를 지배하는 네 가지 힘 중에서 가장 약한 힘이에요.

4 우주의 기본적인 힘

1. 중력은 모든 곳에 존재하며, 질량이 있는 모든 물체에 작용하는 힘이에요. 곧 알게 되겠지만, 행성과 별, 블랙홀, 은하는 중력 때문에 생겨났어요.

2. **전자기력**은 전기와 자기 현상을 일으키는 힘이에요.

3. **약한 상호 작용(약력)**은 베타 붕괴* 같은 일부 방사성 붕괴 현상에 관여하는 힘이에요.

4. **강한 상호 작용(강력)**은 양성자와 중성자를 원자핵 속에 붙들어 두는 힘이에요.

* 👁 원자핵의 중성자가 양성자로 변하면서 베타 입자(전자)를 방출하는 방사성 핵붕괴. 『처음 읽는 양자물리학』을 참고하세요.

뉴턴의 중력

물체가 아래로 떨어진다는 사실은 누구나 알고 있어요.

그러나 중력이 온 우주에 작용하는 힘이라는 사실은 아이작 뉴턴이 처음으로 알아냈어요.

중력은 우리를 땅으로 끌어당기고, 달을 지구 주위로 돌게 하고, 모든 행성을 태양 주위로 돌게 하는 힘이에요.

만유인력의 법칙

뉴턴이 발견한 만유인력의 법칙은 중력이 질량을 가진 두 물체 사이에 아주 멀리서도 즉각적으로 작용하는 인력이라고 설명해요. 이것은 두 물체가 보이지 않는 밧줄로 묶인 채 서로 끌어당기는 상황과 비슷해요.

두 물체의 질량이 클수록, 그리고 두 물체 사이의 거리가 가까울수록 서로 끌어당기는 힘의 세기가 더 커져요.

물체는 왜 땅으로 떨어질까요?

지구는 아주 큰 물체여서 질량도 상당히 커요. 그래서 지구 가까이 있는 물체는 모두 지구의 중력에 끌려 결국 그 표면으로 끌려가요.

높은 곳에서 물체를 놓으면, 지구의 중력이 그 물체를 끌어당기기 때문에 결국 물체는 땅에 닿게 됩니다. 그래서 모든 물체는 결국은 땅으로 떨어질 수밖에 없어요.

달은 왜 지구 주위를 도나요?

공을 끈에 매달고 빙빙 돌린다고 상상해 보세요. 끈을 놓지 않는 한, 공은 다른 데로 날아가지 않고 여러분 주위를 계속 빙빙 돌 거예요. 달과 지구 사이에 바로 이와 똑같은 일이 일어나고 있어요. 달과 지구는 중력으로 서로 붙들려 있어요. 그래서 달이 저 멀리 우주 공간으로 날아가지 못하고 지구 주위를 빙빙 도는 거예요.

같은 이유로 행성들도 태양 주위를 빙빙 돌고 있어요.

👁 (31쪽 '달은 왜 떨어지지 않을까?' 참고)

그런데 왜 지구가 사과로 끌려가는 대신에 사과가 지구로 끌려갈까요?

사실은 나무 위에 있는 사과도 중력으로 지구를 자기 쪽으로 끌어당겨요. 그러나 지구의 질량이 사과의 질량보다 엄청나게 더 크기 때문에, 지구가 사과 쪽으로 다가가는 움직임은 알아채기 힘들 정도로 작아요.

9

아인슈타인의 중력

아인슈타인은 뉴턴과 달리 중력이 멀리서도 즉각적으로 작용하는 힘이 아니라고 생각했어요. 그 대신에 우주의 기하학적 구조가 변형되어 나타나는 효과라고 생각했지요. 그래서 중력은 이렇게 우주의 기하학적 구조가 비틀린 곳에서 늘 나타나요.

아인슈타인은 시간과 공간이 제각각 독립적으로 존재하는 것이 아니라, 서로 결합해 시공간을 이루고 있다고 보았어요. 그리고 시공간은 질량을 가진 물체가 있는 곳에서 구부러진다고 설명했지요.

질량은 시공간을 휘게 한다

시공간을 우주를 이루는 일종의 천이라고 상상해 보세요.
그 위에 질량을 가진 물체가 있으면 천이 아래로 움푹 꺼져요.

천으로 된 평평한 표면이 있다고 상상해 보세요. 천 위로 구슬을 굴리면, 구슬은 직선 방향으로 나아갈 거예요.

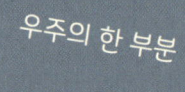

우주의 한 부분

하지만 천 위에 무거운 물체를 올려놓으면, 공 주위의 천이 움푹 꺼질 거예요. 그 위로 구슬을 굴리면, 구부러진 천의 모양에 따라 구슬은 곡선을 그리며 나아가겠지요.

구슬의 예처럼 시공간은 우주를 이루는 천이며, 질량을 가진 물체가 있는 곳에서는 구부러진다고 생각할 수 있어요.

아인슈타인의 일반 상대성 이론은 질량 때문에 생기는 이러한 시공간 왜곡이 중력으로 나타난다고 설명해요.

우주의 기하학적 구조가 비틀려서 나타나는 효과가 중력이라고 말하는 이유는 이 때문이에요. 질량 때문에 시공간이 비틀린 지점 근처를 물체가 지나갈 때 휘어지는 경로는 뉴턴의 중력 이론으로 설명한 경로와 거의 비슷하거든요(대개는).

우리는 시공간 천 개념을 흔히 2차원 또는 3차원으로 설명하지만, 사실은 4차원으로 생각해야 해요. 시간 1차원과 공간 3차원이 합쳐진 4차원 시공간으로 말이에요.

평면나라

1884년, 작가이자 수학자인 에드윈 애벗이 『평면나라』라는 소설을 썼어요. 선과 삼각형, 원, 정사각형처럼 납작한 기하학 도형들이 사는 가상의 2차원 세계를 묘사한 작품이었지요.

주인공인 정사각형은 0차원 세계인 점나라와 1차원 세계인 선나라처럼 다른 차원의 세계들을 상상해요. 그때 구가 평면나라를 찾아와 정사각형이 3차원 세계를 이해할 수 있도록 도와줘요. 하지만 평면나라의 납작한 주민들은 큰 혼란에 빠지지요. 왜냐하면 이들은 3차원을 시각적으로 볼 수가 없고, 위와 아래 같은 개념을 이해할 수 없었기 때문이지요. 그들의 눈에는 평면 세계를 관통하는 구가 원으로만 보일 뿐이었어요.

우리도 정사각형과 똑같은 상황에 놓여 있어요. 비록 우리는 3차원으로 우리 세계를 볼 수 있고, 위아래와 전후좌우를 알지만, 4차원 세계를 볼 수 없지요. 그래도 우리는 공간 3차원과 시간 1차원의 결합으로 이루어진 4차원 세계에서 살고 있다는 걸 이해할 수 있어요.

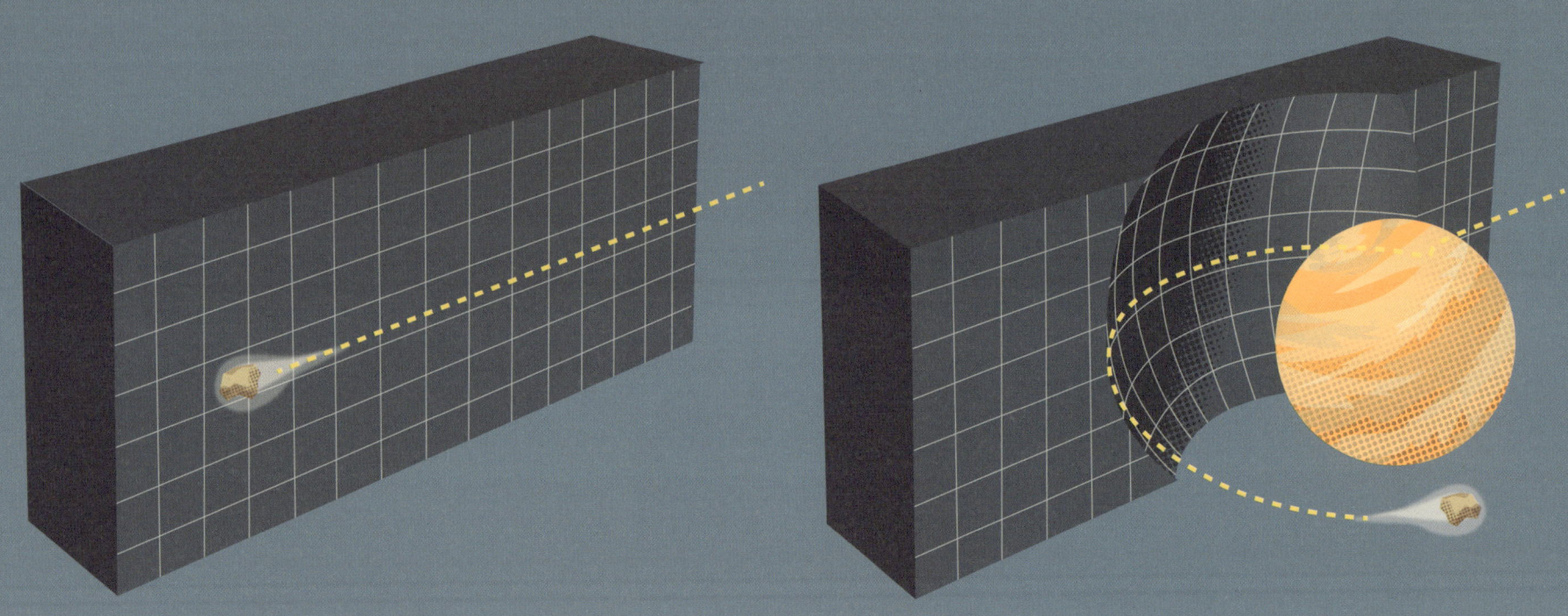

구슬의 예처럼 시공간을 가로지르며 움직이는 천체(예컨대, 유성체)도 그 움직임에 변화가 나타날 수 있어요.

시공간의 왜곡이 전혀 없다면, 유성체는 직선 방향으로 계속 나아갈 거예요.

그러나 만약 천체의 질량 때문에 시공간 천이 구부러져 있다면, 유성체는 구부러진 경로를 따라 나아갈 거예요.

사실, 유성체는 그 속도에 따라 천체의 주위를 빙빙 돌 수도 있고, 심지어 천체에 '떨어질' 수도 있어요.

시공간은 물질에게 어떻게 움직이라고 말하고, 물질은 시공간에게 어떻게 휘어지라고 말한다.

— 존 휠러

태양도 그 질량 때문에 주변의 시공간을 구부러뜨려요.
지구 역시 주변의 시공간 천을 구부러뜨리지만,
질량이 태양보다 훨씬 작아서 천이 구부러진
정도(곡률)는 태양에 비해 훨씬 작아요.
그 결과로 지구가 만든 곡률에 태양이 받는 영향보다는
태양이 만든 곡률에 지구가 받는 영향이 훨씬 커요.
그래서 지구가 태양 주위의 궤도를 도는 거예요.
달과 지구 사이에서도 이와 똑같은 일이 일어나지요.

시공간은 우리 우주에서
현실이 펼쳐지는 장소예요.

중력 렌즈

모두 알고 있겠지만,
두 점 사이의 최단 거리는 직선이에요.

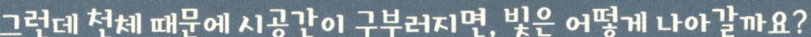

그런데 천체 때문에 시공간이 구부러지면, 빛은 어떻게 나아갈까요?

빛은 평탄한 시공간에서는 최단 경로인 '직선'으로 나아가요. 그러나 큰 천체 때문에 시공간이 구부러진 곳을 지나갈 때에는 질량이 없는 빛도 구부러진 시공간을 따라 나아가기 때문에 그 경로가 휘어져요.

이 현상을 중력 렌즈라고 불러요.

만약 우리가 빛이라면, 자신이 곡선을 그리며 나아간다는 사실을 알지 못할 거예요. 주변의 모든 공간이 똑같이 구부러져 있기 때문이지요.

먼 천체 앞에 은하나 블랙홀처럼 큰 천체가 가로막고 있으면, 지구에서는 그 천체를 볼 수 없어요. 그런데 중력 렌즈 현상 때문에 그 천체를 볼 수 있어요.

중력 렌즈는 렌즈처럼 빛을 구부러뜨려 큰 천체 뒤에 숨어 있는 천체를 볼 수 있게 해 줍니다.

중력 렌즈 개념은 뉴욕의 식당에서 설거지 일을 하던 아마추어 과학자 루디 맨들이 맨 처음 생각했어요. 맨들은 이 개념을 아인슈타인에게 설명했고, 아인슈타인은 이를 진지하게 받아들여 1936년에 중력 렌즈가 무엇인지 설명하는 논문을 발표했고, 맨들을 그 저자로 인정했어요.

양자 중력?

중력자는 중력을 전달하는 상상의 입자예요. 중력자는 빛의 입자인 광자와 비슷하지만, 아직까지 실제로 본 사람은 없어요. 만약 누가 중력자를 발견한다면, 그것은 실로 획기적인 과학 업적이 될 거예요. 중력자는 중력을 양자역학으로 설명하는 양자 중력 이론을 뒷받침하는 증거이기 때문이지요. 그래서 과학자들은 오래전부터 중력자를 발견하려고 애쓰고 있어요.

우주는 어떻게 시작되었을까? ― 빅뱅

우주는 시간과 공간을 포함해 존재하는 모든 것을 말해요. 그런데 우주는 어떻게 시작되었을까요?

세상의 모든 문화에는 먼 옛날부터 우주의 기원을 설명하는 신화가 있었어요. 약 100년 전까지만 해도 사람들은 우주는 정적이고, 변하지 않으며, 영원히 존재한다고 생각했어요.

그러나 지금은 관측 결과를 통해 우주가 동적이고, 변하며, 게다가 팽창한다는 사실이 밝혀졌어요.

오늘날 우주의 기원을 설명하는 이론들 중에서 과학계에서 가장 널리 받아들여지는 이론이 **빅뱅 이론**이에요.

빅뱅 이론에 따르면, 우주는 엄청나게 뜨겁고, 밀도가 높고, 아주 작은 점에서 시작했어요.

그전에는 우주가 아예 존재하지 않았는데, 시간과 공간을 포함해 아무것도 존재하지 않았기 때문이지요.

약 138억 년 전에 아주 작은 이 특이점이 갑자기 폭발적으로 팽창하면서 모든 에너지와 물질, 그리고 시간과 공간을 만들어 냈어요. 이렇게 해서 우리가 살고 있는 우주가 태어났어요.

엄청나게 높은 온도

불투명한 우주

최초의 1초

처음부터 우주는 급속도로 팽창하면서 식어 가기 시작했어요. 처음에는 우주의 온도가 너무 높아 에너지와 물질이 분리되지 않았지만, 우주가 크게 팽창하면서 온도가 낮아지자 우리가 아는 자연계의 네 가지 힘 중 중력을 제외한 세 가지 힘★이 차례로 분리되어 나왔어요.

그러다가 갑자기 우주가 급팽창하는 인플레이션 단계에 돌입했는데, 우주가 원자만 한 크기에서 순식간에 사과만 한 크기로 팽창했어요. 그러고 난 직후에 물질과 반물질을 이루는 소립자들이 만들어졌어요.

우주가 탄생하고 나서 1초가 지나기 전에 우주의 크기는 약 1억 km로 커졌어요.

★ 전자기력, 강한 상호 작용, 약한 상호 작용.

최초의 1분

우주의 온도가 더 내려가자, 양성자와 중성자가 결합해 원자핵이 만들어지기 시작했어요. 1분이 지났을 때, 우주에 존재하는 물질 중 대부분은 수소(75%)와 헬륨(25%)이었어요.

빅뱅 후 38만 년이 지났을 때: 재결합

우주의 온도가 3500도까지 떨어지자, 원자핵이 전자를 붙들어 안정적인 수소와 헬륨 원자가 만들어졌어요. 그러자 빛이 자유롭게 날아갈 수 있게 되었고, 그러자 우주가 투명해졌어요.

136억 년 전

수소 가스와 헬륨 가스 구름이 생겼다가 중력 때문에 수축하면서 압축되었어요. 충분히 큰 가스 구름의 경우에는 중심에서 원자핵 융합 반응이 일어나면서 빛을 내기 시작했어요. 이렇게 해서 최초의 별들이 탄생했어요.

은하들이 나타나기 시작하면서 은하들의 집단인 은하단과 은하단들의 집단인 초은하단이 생겨났어요(◉ 17쪽 참고).

차가운 우주

처음부터 물질 입자가 반물질 입자보다 더 많이 생겨났어요. 그래서 쌍소멸 과정이 끝난 뒤, 일부 물질 입자가 살아남았고, 오늘날과 같은 물질 우주가 만들어졌어요.

132억 년 전: 우주의 새벽

최초의 은하들이 만들어졌어요. 은하는 별과 가스 구름, 행성, 우주 먼지가 중력에 끌려 한데 모인 거대한 집단을 말해요(◉ 16쪽 참고).

우주는 우주망(◉ 40쪽 참고)이라는 거대한 구조를 이루게 되었어요. 은하단들과 초은하단들이 암흑 물질을 통해 서로 연결되어 거대한 그물 모양을 이루고 있고, 그 사이에 텅 빈 공간이 널려 있는 구조를 말해요.

우주는 계속 팽창하고 있어요

탄소, 질소, 산소, 철을 포함해 주기율표의 많은 원소들은 최초의 별들 내부에서 만들어졌어요.

은하

은하는 수많은 별과 행성, 우주 먼지, 가스 구름, 암흑 물질이 중력에 붙들려 한데 모여 있는 천체 집단이에요.

은하는 별이 약 1000만 개밖에 없는 왜소 은하에서부터 별이 100조 개나 있는 거대 은하에 이르기까지 **크기**가 다양해요.

은하는 **모양**도 다양해요.

천문학자들은 관측 가능한 우주에 존재하는 은하의 수가 **약 2조 개**라고 추정해요. 숫자로 적으면, 2,000,000,000,000개나 된다고요!

나선 은하

타원 은하

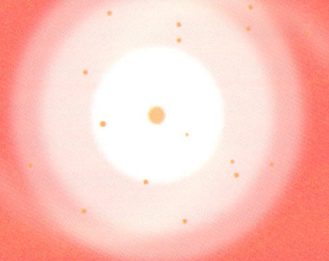
렌즈형 은하

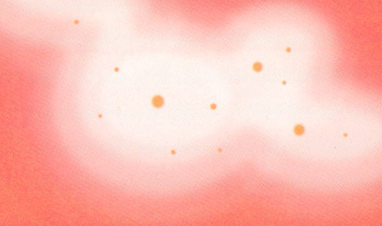
불규칙 은하

그렇다면 우주에는 과연 별이 몇 개나 있는지 상상해 보세요!

우리가 밤하늘에서 맨눈으로 볼 수 있는 별의 수는 수천 개밖에 되지 않지만, 우리은하에 있는 별의 수는 수천억 개나 되죠. 우리의 머리로는 우주에 존재하는 별의 개수를 상상하기조차 힘들어요.

우리 태양계는 우리은하라는 나선 은하에 있어요. 태양계는 한 나선 팔 끝 부분에 있어요(◉ 18쪽 참고). 우리은하는 아주 커서 빛의 속도로 달려도 한쪽 끝에서 반대쪽 끝까지 가는 데 약 20만 년이 걸려요.

가장 가까운 이웃 은하는 안드로메다은하예요. 안드로메다은하는 우리은하와 비슷한 나선 은하이고, 우리에게서 250만 광년 거리에 있어요.

어두운 밤에는 맨눈으로도 안드로메다은하를 볼 수 있지만, 쌍안경이나 망원경으로 보면 훨씬 선명하게 볼 수 있어요. 지금 보는 그 빛은 우리 조상이 나무에서 내려와 두 발로 걷기 시작할 무렵에 안드로메다은하에서 출발한 빛이에요.

우리은하의 모습 (옆에서 본 모습)

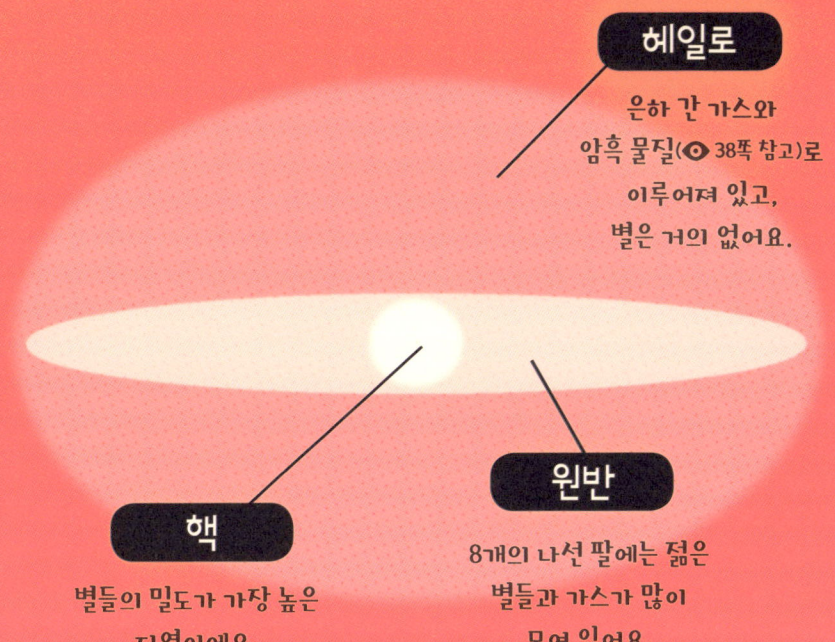

헤일로 — 은하 간 가스와 암흑 물질(◉ 38쪽 참고)로 이루어져 있고, 별은 거의 없어요.

핵 — 별들의 밀도가 가장 높은 지역이에요.

원반 — 8개의 나선 팔에는 젊은 별들과 가스가 많이 모여 있어요.

은하군, 은하단, 초은하단

중력 때문에 은하들이 모여서 은하군과 은하단, 초은하단이라는 은하 집단을 이루어요.

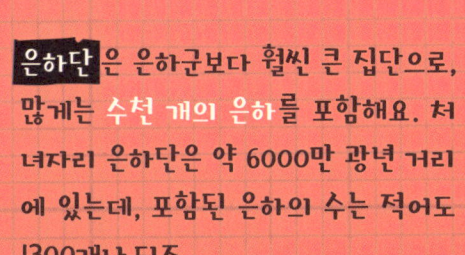

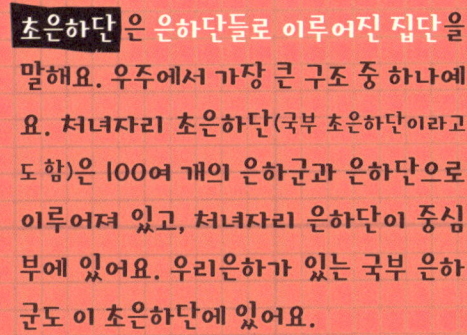

은하군은 많게는 50여 개의 은하로 이루어져 있어요. 우리은하는 50여 개의 은하와 함께 국부 은하군이라는 은하군에 있어요.

은하단은 은하군보다 훨씬 큰 집단으로, 많게는 수천 개의 은하를 포함해요. 처녀자리 은하단은 약 6000만 광년 거리에 있는데, 포함된 은하의 수는 적어도 1300개나 되죠.

초은하단은 은하단들로 이루어진 집단을 말해요. 우주에서 가장 큰 구조 중 하나예요. 처녀자리 초은하단(국부 초은하단이라고도 함)은 100여 개의 은하군과 은하단으로 이루어져 있고, 처녀자리 은하단이 중심부에 있어요. 우리은하가 있는 국부 은하군도 이 초은하단에 있어요.

지구

우리는 태양계의 세 번째 행성인 지구에 살고 있어요.

지름 1만 2742km

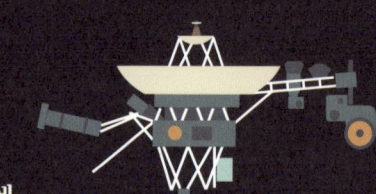

보이저 1호는 시속 6만 km 이상의 속도로 나아가는데, 지금까지 사람이 보낸 물체 중에서 가장 먼 곳을 날아가고 있어요. 1977년에 발사된 보이저 1호는 36년 뒤인 2013년에 태양계 가장자리에 도착해 성간 공간의 영역으로 들어섰어요. 자매 우주 탐사선인 보이저 2호도 몇 년 뒤에 발사되어 그 뒤를 따라가고 있어요.

우리은하

우리은하에는 수천억 개의 별이 있어요. 우리에게서 가장 가까운 별은 켄타우루스자리 프록시마로, 4.2광년 거리에 있어요.

해왕성: 30AU

천왕성: 19.2AU

지구에서 달까지 거리는 38만 4402km

지구: 1AU

태양계 내에서의 거리는 흔히 천문단위(AU)를 사용해 나타내요. 지구와 태양 사이의 거리인 1억 4960만 km를 1천문단위로 정했어요.

태양계

태양계는 중심 별 태양과 그 주위를 타원궤도로 도는 행성 8개로 이루어져 있어요. 그 밖에도 행성 주위를 도는 위성과 소행성, 왜행성, 혜성 등 많은 천체가 있어요. 작은 천체들은 주로 소행성대와 카이퍼대에 몰려 있어요.

1968년부터 시작해 달에 간 우주비행사는 모두 24명이에요(그중에서 달 표면을 밟은 사람은 12명이에요). 달은 지금까지 인류가 가장 멀리 여행한 곳이에요.

목성, 토성, 천왕성, 해왕성은 주로 기체 물질로 이루어진 거대 기체 행성이에요.

태양계의 행성들과 주요 위성들

- 칼리스토
- 가니메데
- 유로파
- 이오

유로파 표면은 얼음 바다로 뒤덮여 있어요.

- 엔켈라두스
- 이아페투스
- 티탄
- 레아

- 티타니아
- 오베론
- 트리톤
- 명왕성

수성 · 금성 · 지구 · 달 · 화성 · 케레스

암석질 행성 · 소행성대 · 목성 · 토성 · 천왕성 · 해왕성

우주의 크기

우리가 볼 수 있는 우주는 전체 중 일부에 지나지 않아요. 그래서 우주의 정확한 크기는 알 수가 없고, 우주가 유한한지 무한한지 혹은 경계가 있는지 없는지조차 몰라요. 그런 질문 자체가 성립하지 않을 수도 있는데, 우리가 관측할 수 있는 지점 너머에 무엇이 있는지 알 수 없기 때문이지요. 어쨌든 우주는 우리가 상상하는 것보다 훨씬 커요.

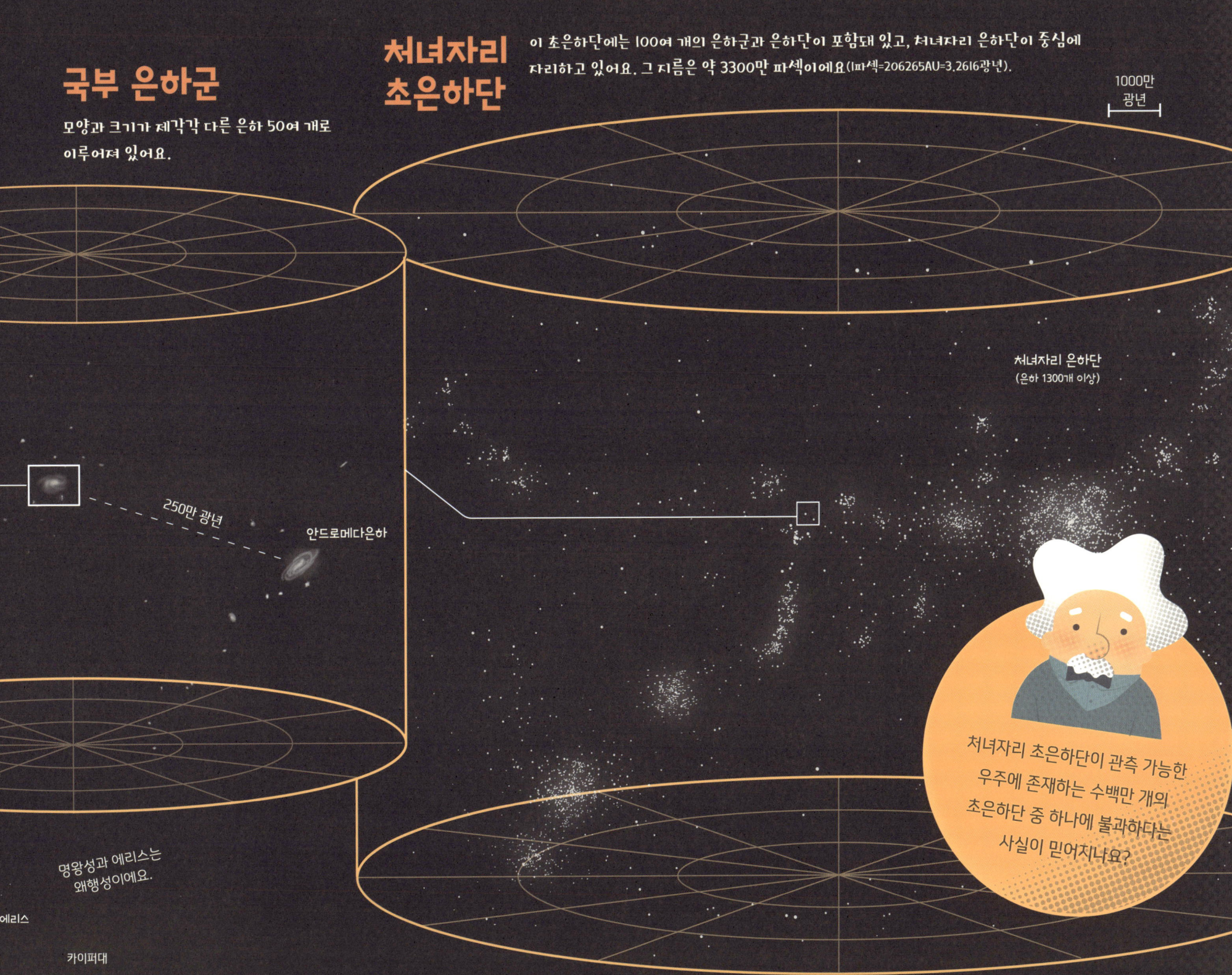

국부 은하군
모양과 크기가 제각각 다른 은하 50여 개로 이루어져 있어요.

처녀자리 초은하단
이 초은하단에는 100여 개의 은하군과 은하단이 포함돼 있고, 처녀자리 은하단이 중심에 자리하고 있어요. 그 지름은 약 3300만 파섹이에요(1파섹=206265AU=3.2616광년).

처녀자리 은하단
(은하 1300개 이상)

250만 광년
안드로메다은하

명왕성과 에리스는 왜행성이에요.
에리스
카이퍼대

처녀자리 초은하단이 관측 가능한 우주에 존재하는 수백만 개의 초은하단 중 하나에 불과하다는 사실이 믿어지나요?

별은 어떻게 탄생할까?

별도 사람과 마찬가지로 태어나서 자라다가 죽어요.

중력 때문에 성운에서 밀도가 높은 부분이 가스와 먼지를 끌어당겨 구름 속에서 물질 덩어리를 이루어요.

별은 성간 공간의 성운이라는 차가운 가스와 먼지 구름에서 태어나요.

원시 행성 원반은 젊은 별 주위를 둘러싸고 있는 물질이에요. 이 원반에서 행성들이 생겨나 태양계 같은 새로운 행성계를 만들 수 있어요.

성운 속의 가스 물질은 대부분 빅뱅 때 생겨난 수소예요. 먼지는 대개 별이 죽으면서 폭발할 때 우주 공간으로 흩어진 잔해이고요.

이렇게 우주도 물질을 재활용해요.

이 덩어리 중 일부가 점점 더 커지면서 물질을 더 많이 끌어당겨요. 구름은 크기가 작아지면서 점점 더 뜨거워져요.

아주 큰 물질 덩어리에서는 큰 중력 때문에 가스와 먼지가 압축돼요.

그러다가 모든 것이 아주 강하게 짓눌려 수소 원자들이 격렬하게 충돌하면서 융합하는 일이 일어나요. 수소가 합쳐져 헬륨으로 변하는 이 핵융합 반응에서 엄청난 양의 에너지가 나와요.

이렇게 해서 새로운 별이 탄생해 불타오르게 되지요.

오리온성운

맑은 날 밤에 하늘에서 오리온자리를 찾아보세요. 그러면 오리온의 허리띠 바로 아래에 있는 희끄무레한 반점이 맨눈으로도 보일 거예요. 이것이 바로 M42라고도 불리는 오리온성운이에요. 아주 거대한 가스와 먼지 구름인 오리온성운은 새 별들이 탄생하는 장소예요. 망원경으로 보면, 막 태어난 여러 종류의 별들을 볼 수 있어요. 천문학자들은 이곳에서 원시 행성 원반도 많이 발견했어요.

별의 종류

별은 백색 왜성, 갈색 왜성, 황색 왜성, 준거성, 적색 거성, 청색 거성, 청색 초거성, 중성자별 등 그 종류가 아주 많아요. 별을 분류하는 방법도 여러 가지가 있어요. 우리는 온도(색)와 광도(밝기)와 크기를 바탕으로 별을 분류하는 헤르츠스프룽-러셀 다이어그램, 즉 HR도를 사용할 거예요(다음 그림에서 'K(켈빈)'는 '절대 온도'의 단위이며, 절대 온도의 기준 온도인 '절대 영도'는 영하 273.15℃이다—옮긴이).

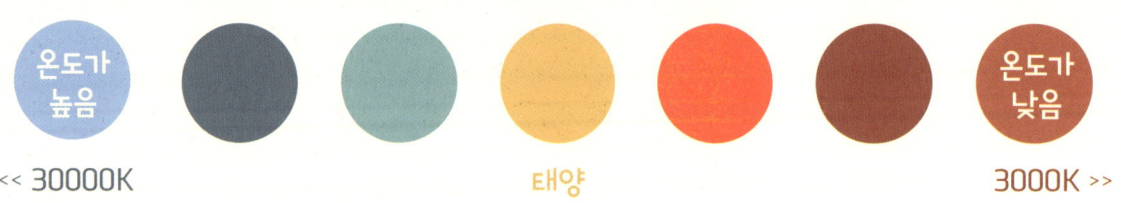

별의 색은 표면 온도와 밀접한 관계가 있어요.

별의 광도(밝기)는 태양의 밝기를 기준으로 측정해요.
만약 어떤 별의 밝기가 태양의 2배라면 그 광도를 2L☉로 표시해요.

엄청난 크기

별들은 크기가 천차만별이어서 종류가 다른 별들을 그래프 위에 함께 나타내기가 쉽지 않아요.
오리온자리의 베텔게우스 같은 적색 거성은 반지름이 태양보다 887배나 커요
(하지만 질량은 태양의 19배에 불과해요).

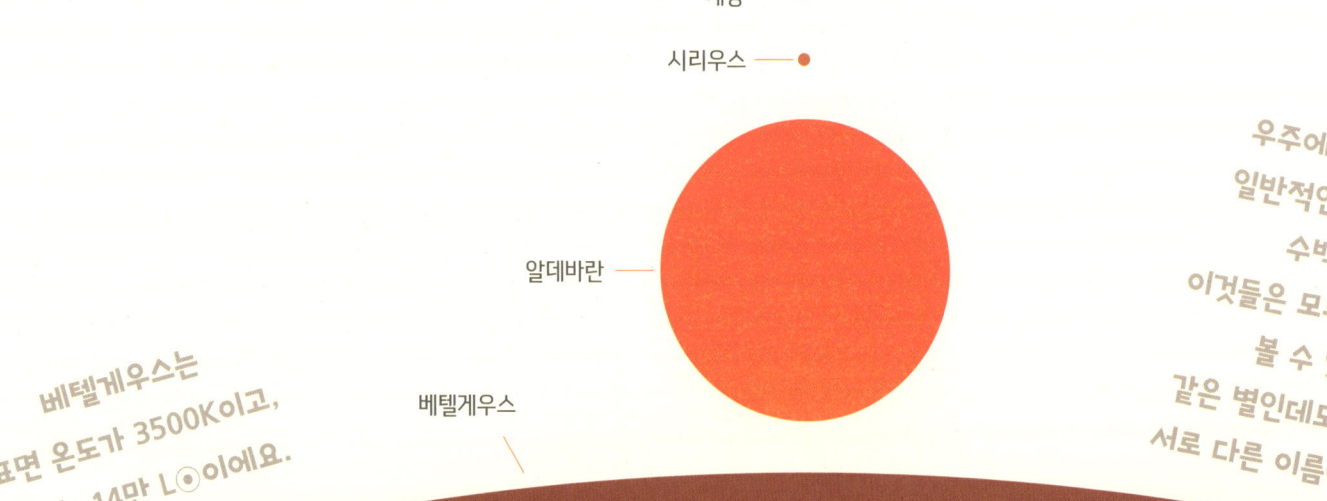

베텔게우스는 표면 온도가 3500K이고, 광도는 14만 L☉이에요.

우주에는 수많은 별이 있지만, 일반적인 이름이 붙어 있는 것은 수백 개에 불과해요. 이것들은 모두 밤하늘의 별자리에서 볼 수 있는 별들이에요. 같은 별인데도 시대나 문화에 따라 서로 다른 이름이 붙은 경우도 있어요.

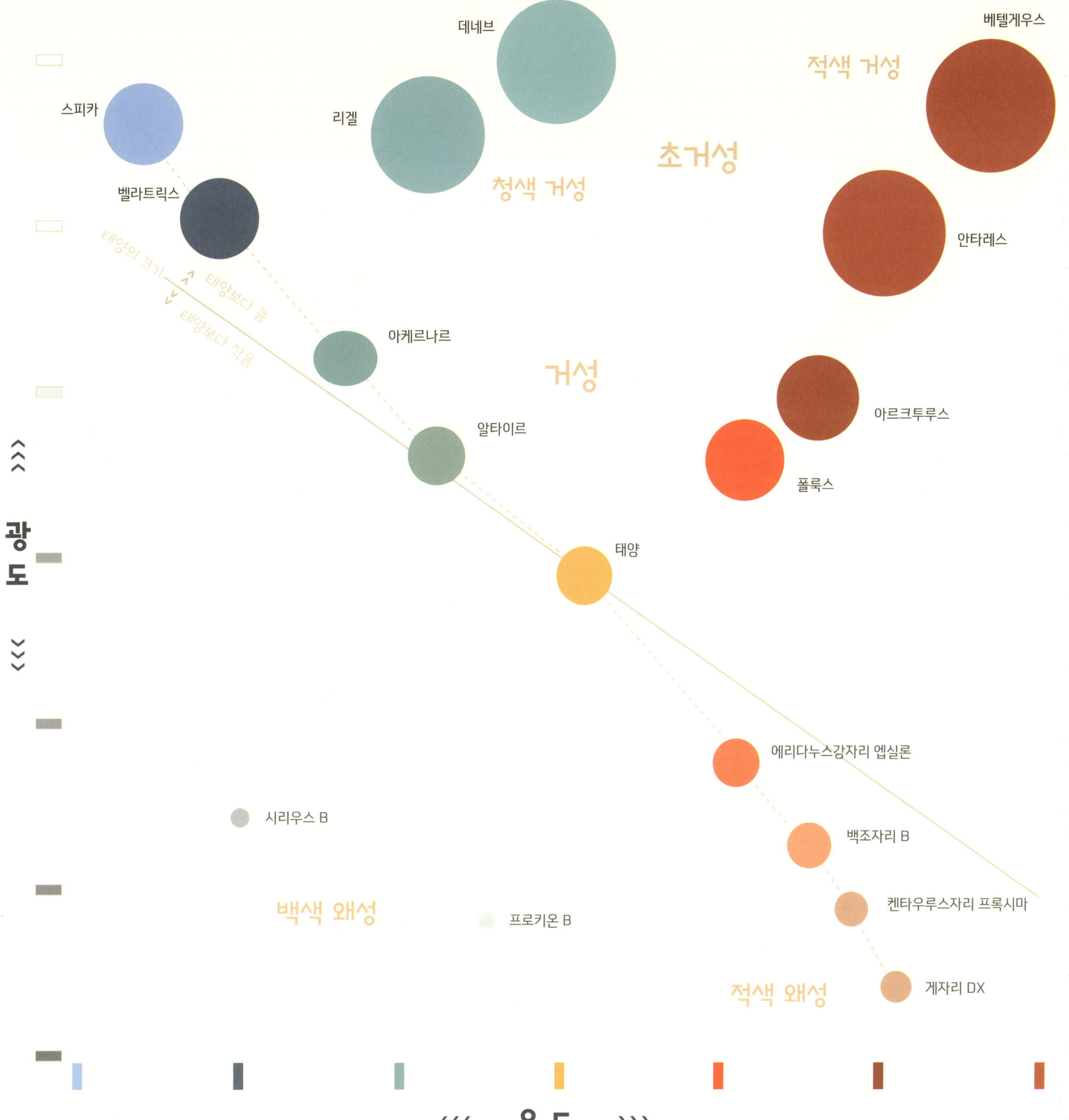

별의 일생

앞에서 보았듯이,
별은 내부에서 일어나는
핵융합 반응 때문에 빛을 냅니다.

핵융합

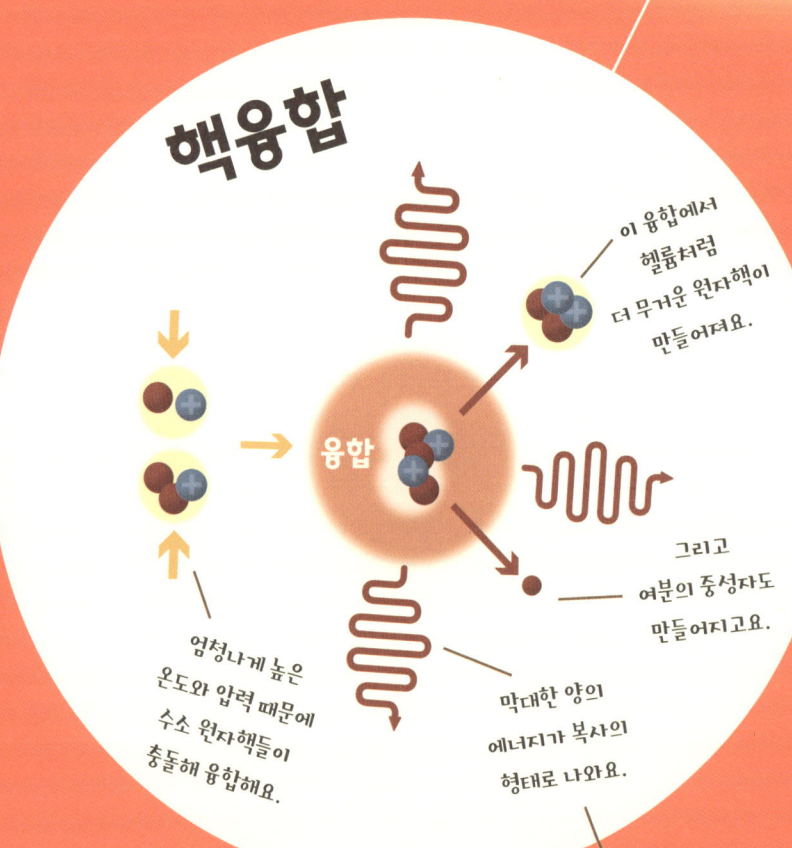

이 융합에서 헬륨처럼 더 무거운 원자핵이 만들어져요.

그리고 여분의 중성자도 만들어지고요.

엄청나게 높은 온도와 압력 때문에 수소 원자핵들이 충돌해 융합해요.

막대한 양의 에너지가 복사의 형태로 나와요.

별은 태어날 때 대부분 수소로 이루어져 있어요. 그래서 수소가 핵융합 반응의 주요 연료가 되지요.

이 복사가 별이 내뿜는 빛과 열을 만들어요. 밤하늘에서 별들이 반짝이는 이유는 이 때문이에요.

균형 유지

← 중력

핵융합 과정에서 나온 막대한 에너지는 별을 바깥쪽으로 팽창시키면서 별을 안쪽으로 짓누르는 중력과 대항해 별이 짜부라지지 않게 해요. 하지만 연료가 거의 다 바닥나면, 그동안 유지되던 균형이 깨지면서 별은 종말을 향해 다가가지요. 모든 별이 다 같은 크기로 태어나진 않아요. 질량이 큰 별일수록 더 뜨겁고 밝지만, 그 대신에 그만큼 연료를 더 빨리 소비하기 때문에 수명이 짧아요.

태양

태양은 그 빛과 열로 지구의 모든 생명에게 필요한 에너지를 주는 별이에요. 하지만 앞에서 보았듯이, 모든 별은 시작과 끝이 있어요.

성운 속에서 가스와 먼지 구름이 자체 중력으로 붕괴하여 핵융합 반응이 일어날 만큼 온도와 압력이 충분히 높아지기까지는 약 1억 년이 걸려요. 핵융합 반응이 시작되어야 빛을 내는 진짜 별이 되지요.

태양만 한 크기의 별은 수소 연료를 다 태우기까지 약 100억 년이 걸려요. 반면에 질량이 태양의 19배나 되는 베텔게우스는 1000만 년 만에 연료를 다 태워요.

현재 태양은 전체 수소 중 약 절반을 태워서, 사람으로 치면 중년에 해당해요. 그래도 앞으로 약 45억 년은 더 빛을 낼 만큼 많은 연료가 남아 있어요.

태양은 나이를 먹을수록 1억 년마다 1%씩 더 밝아질 거예요. 그리고 여러 단계를 거친 뒤 나중에는 적색 거성으로 변하면서 몸집이 크게 불어나 수성과 금성을 집어삼킬 거예요. 물론 지구는 아무도 살 수 없는 곳으로 변하겠지요.

결국 연료가 바닥난 태양은 죽어서 중심에 백색 왜성이 있는 행성상 성운으로 변할 거예요. 남아 있는 빛도 점차 희미하게 변하면서 꺼져 갈 거예요.

별은 어떻게 죽을까?

중력 / 핵융합

앞에서 보았듯이, 별의 생애 중 대부분은 별을 안쪽으로 짓누르는 중력과 핵융합 반응에서 나온 에너지가 바깥쪽으로 팽창하려는 압력이 서로 팽팽하게 맞서는 싸움이 벌어져요.

그러나 핵융합 연료가 떨어지면, 마침내 중력이 승리를 거두고 별은 죽음을 맞이해요.

그런데 별은 어떻게 죽을까요?

그것은 별의 질량 에 달려 있어요.

질량이 작거나 중간인 별
(태양 질량의 8배 미만까지)

우주에 존재하는 전체 별 중 약 97%가 이 범주에 속해요. 이 별들은 수명이 아주 길어서 대개 수십억 년을 살아요.

태양도 그런 별들 중 하나예요.

연료가 바닥나기 시작하면, 이 별들은 중심부는 온도가 점점 더 높아지지만, 바깥쪽으로 팽창하면서 크기가 매우 커져요.

질량이 큰 별
(태양 질량의 8~30배)

질량이 더 큰 이 별들은 내뿜는 열과 압력도 더 높아요. 연료를 더 빨리 태우므로 질량이 작은 별보다 수명이 짧아요.

연료가 바닥나기 시작하면, 이 별들도 크게 팽창하면서 식어요. 하지만 처음에는 아주 밝게 빛나고, 청색 초거성에서부터 황색 초거성, 적색 초거성으로 여러 단계를 거치며 변해요.

질량이 아주 큰 별
(태양 질량의 30배 이상)

질량이 가장 큰 별들이 이 범주에 속해요. 이 별들은 질량이 큰 별들과 같은 단계를 거치며 살아가지만, 그 과정이 훨씬 빠르게 일어나지요.

연료가 바닥나면, 바깥층이 우주 공간으로 퍼져 나가고 중심에 작고 뜨거운 백색 왜성이 남아 행성상 성운이 됩니다.

가스와 먼지 구름이 우주 공간으로 흩어져요. 그랬다가 나중에 새로 탄생하는 별의 구성 물질이 될 수 있어요.

이 상태에서 별의 중심부는 탄소나 산소처럼 더 무거운 원소들로 이루어질 수 있어요.

표면적이 늘어나면서 바깥층이 식어 별의 색이 노란색에서 빨간색으로 변해요. 그래서 적색 거성으로 변하지요.

이 백색 왜성은 점차 식어 가 약 1만 년 뒤에는 완전히 차갑게 변해요. 그래서 빛을 전혀 내뿜지 않는 흑색 왜성으로 변해요. 흑색 왜성은 지구만 한 크기의 암석질 행성처럼 생겼어요.

적색 초거성은 우주에서 가장 큰 별이에요.

구리, 금, 은 같은 무거운 원소들은 초신성이 폭발할 때 만들어져요.

초신성이 폭발하고 나면, 그 뒤에는 어마어마하게 밀도가 높은 핵이 남는데, 이것이 중성자별이에요. 우주에서 밀도가 가장 높은 물체 중 하나예요.

며칠 동안 초신성은 한 은하의 전체 별보다 더 밝은 빛을 내뿜어요.

질량이 큰 별

반지름이 10km인 중성자별의 질량은 반지름이 69만 5700km인 태양과 비슷해요. 그러니 그 밀도가 얼마나 큰지 짐작하겠지요?

질량이 아주 큰 별

그 중력이 엄청나게 커서 어떤 것도 거기서 탈출할 수 없어요. 심지어 빛조차도요!

이 별들은 연료가 바닥나면, 엄청나게 큰 중력 때문에 중심부가 급격하게 수축하면서 폭발하게 돼요. 여기서 우주에서 가장 격렬한 사건 중 하나인 초신성 폭발이 일어나지요.

폭발이 일어난 뒤에도 상당히 많은 질량이 아주 좁은 지역에 남아요. 그 밀도가 엄청나게 크면 어마어마한 중력장이 생겨 중성자별 대신에 블랙홀이 만들어져요.

블랙홀은 32쪽에서 자세히 다룰 거예요.

지구 밖에도 생명이 존재할까?

행성이 딸린 별은 수조 개도 넘으니, 우주의 다른 곳에서도 지구에서처럼 생명이 나타났을 가능성이 아주 높아요.

여기서 말하는 생명은 고도의 기술 문명을 발전시킬 만큼 지능이 뛰어난 존재만 가리키는 게 아니에요. 지구에서도 그 밖의 다양한 생물이 여러 가지 방법으로 진화했어요. 예를 들면, 다양한 종류의 동물과 식물과 미생물이 살고 있지요. 우리가 미처 상상하지 못한 종류의 생명체가 존재할 가능성도 있어요.

그리고 일부 외계 생명체는 기술 문명을 발전시키고 나서 이미 오래전에 사라졌을 수도 있고, 그 생명체가 살던 행성이 더 이상 존재하지 않을 수도 있어요. 혹은 외계 문명이 수천 광년이나 수백만 광년 떨어진 곳에 존재해 우리와 연락할 방법이 없을 수도 있어요. 오늘날 과학자들은 지구처럼 생명이 살 수 있는 조건을 갖춘 외계 행성을 찾으려고 노력하고 있어요.

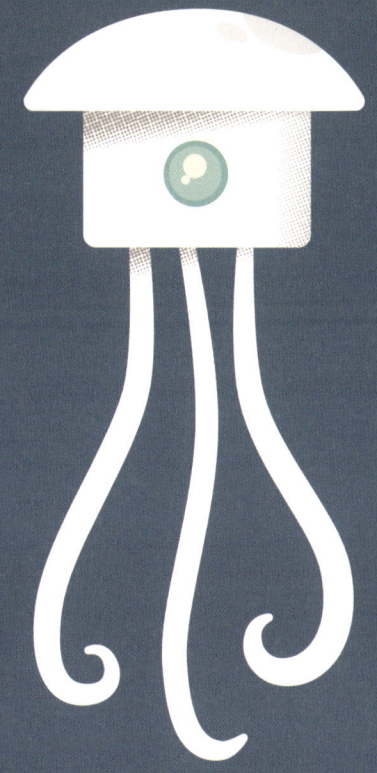

K2-18 b

과학자들은 생명이 살 수 있는 외계 행성을 여러 개 발견했어요.

K2-18 b는 사자자리에 있는 적색 왜성의 생명체 거주 가능 영역에서 궤도를 도는 행성이에요. 지구에서는 약 110광년 떨어진 곳에 있어요. K2-18 b는 생명체 거주 가능 영역에 있으면서 대기에 물을 포함하고 있는 것으로 밝혀진 최초의 외계 행성이에요. 어쩌면 표면이 암석질이고, 온도도 생명체가 살기에 알맞을지 몰라요.

지구처럼 암석으로 이루어져 있지만, 그 질량이 지구의 2~10배에 이를 정도로 큰 행성을 슈퍼지구라고 불러요. 이 행성은 지름이 지구의 2배이고, 질량은 지구의 8배나 되죠. 이 행성은 중력이 훨씬 강하여 표면 위를 걸어 다니기가 힘들 거예요. K2-18 b는 지구보다 훨씬 크지만, 거대 기체 행성만큼 크지는 않아서 표면에 대륙과 바다가 생길 수 있어요.

생명체 거주 가능 영역은 별 주위에서 행성 표면에 액체 상태의 물이 존재할 만큼 적절한 온도를 지닌 구역을 가리켜요.

지구에서는 생명체가 살아가려면 액체 상태의 물이 꼭 필요해요. 그래서 천문학자들은 생명체 거주 가능 영역에 있는 외계 행성에 생명이 존재할 가능성이 높다고 생각하지요.

만약 행성이 별에 너무 가까이 있으면, 표면이 너무 뜨거워 액체 상태의 물이 존재할 수 없어요. 반대로 별에서 너무 멀리 떨어져 있으면, 표면의 물이 모두 얼어붙고 말지요.

외계 행성

외계 행성은 태양이 아닌 다른 별 주위에서 궤도를 도는 행성을 가리켜요. 태양계에서 지구를 포함한 행성들이 태양 주위를 도는 것처럼 행성계를 이루고 있는 별들이 많아요. 지금까지 다양한 모양과 크기의 외계 행성이 수천 개나 발견되었어요. 그중에는 목성이나 토성처럼 거대한 기체 행성도 있고, 화성이나 지구처럼 작은 암석질 행성도 있어요. 생명체 거주 가능 영역에서 궤도를 도는 외계 행성은 우리가 아는 생명체가 살기에 알맞은 조건을 갖추고 있을 가능성이 높아요.

탈출 속도

돌을 위로 던지면, 처음에는 위로 올라가지만 점점 속력이 느려지다가 곧 어느 지점에서 멈춘 뒤 도로 땅으로 떨어져요. 모든 것을 지구 중심으로 끌어당기는 중력 때문이지요. 그러나 돌을 더 세게 던질수록 돌은 더 높이 올라가요.

그런데 돌을 정말로 아주 세게 던지면, 돌이 지구를 벗어나 우주 공간으로 나갈 수 있을까요?

탈출 속도는 투사체가 중력을 뿌리치고 지구를 탈출할 수 있는 속도를 말해요.

지구 탈출 속도를 계산하면 다음과 같아요.

11.2km/s (초속 11.2km)

또는 **40320km/h** (시속 40320km)

여기서 알 수 있듯이 지구를 탈출하려면, 속도가 엄청나게 빨라야 해요.

탈출 속도는 투사체의 질량이나 방향과는 아무 상관이 없어요. 즉, 투사체는 아무리 무거워도 상관없고, 꼭 위쪽으로 던지지 않아도 돼요.

탈출 속도는 천체마다 달라요.

중력이 큰 천체일수록 탈출 속도도 더 높아져요.

목성   화성

예를 들면, 목성에서는 탈출 속도가 60km/s(초속 60km)인 반면, 화성에서는 5km/s(초속 5km)예요. 지구보다 질량이 훨씬 작은 달에서는 탈출 속도가 2.4km/s(초속 2.4km)예요.

달은 왜 떨어지지 않을까?

중력은 물체를 끌어당긴다고 했는데, 왜 달은 지구로 떨어지지 않을까요?
사실은 달도 지구로 떨어지고 있어요. 비록 우리 눈에는 그렇게 보이지 않지만,
지금도 달은 지구로 떨어지고 있어요.

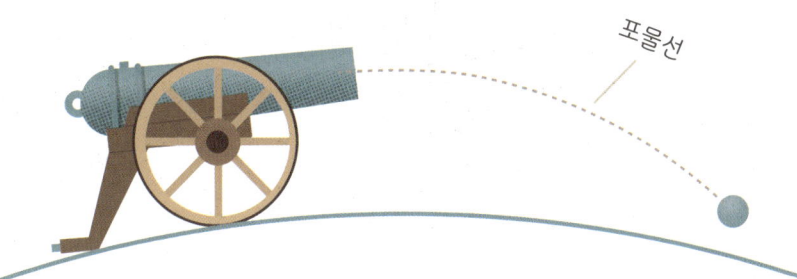

대포로 포탄을 발사하면, 포탄은 직선 방향으로 나아가는 동시에 아래로도 떨어지기 시작해 결국에는 땅에 떨어져요. 포탄이 날아가면서 그리는 이 궤적을 포물선 궤적이라고 불러요.

같은 포탄을 11.2km/s(초속 11.2km)보다 빠른 속도로 발사하면, 포탄은 지구의 중력을 뿌리치고 탈출하여 우주 공간으로 날아갈 거예요.

하지만 포탄을 적당한 속도(아주 빠르지만 탈출 속도보다는 조금 느리게)로 발사하면, 포탄은 지구의 중력 때문에 천천히 아래로 떨어지면서 앞으로 나아가 지구의 곡률과 정확하게 똑같은 궤적을 그리게 됩니다. 그래서 땅에 떨어지지 않고 지구 주위를 돌게 되지요.

다시 말해서, 포탄이 지구 궤도에 진입한 거예요.

달에도 정확하게 이것과 똑같은 일이 일어나고 있어요.
실제로는 달은 아래로 계속 떨어지고 있어요.

작은 공간에 엄청나게 큰 질량이 빽빽하게 차 있는 물체를 한번 상상해 보세요. 이 물체의 표면에 미치는 중력이 어마어마하게 커서 탈출 속도가 빛의 속도인 초속 30만 km라면 어떤 일이 벌어질까요? 그러면 여기서는 그 어떤 것도 탈출할 수 없어요. 심지어 빛조차도요. 우주에는 바로 이런 천체가 존재해요. 이런 천체를 우리는 이렇게 부르죠.

블랙홀.

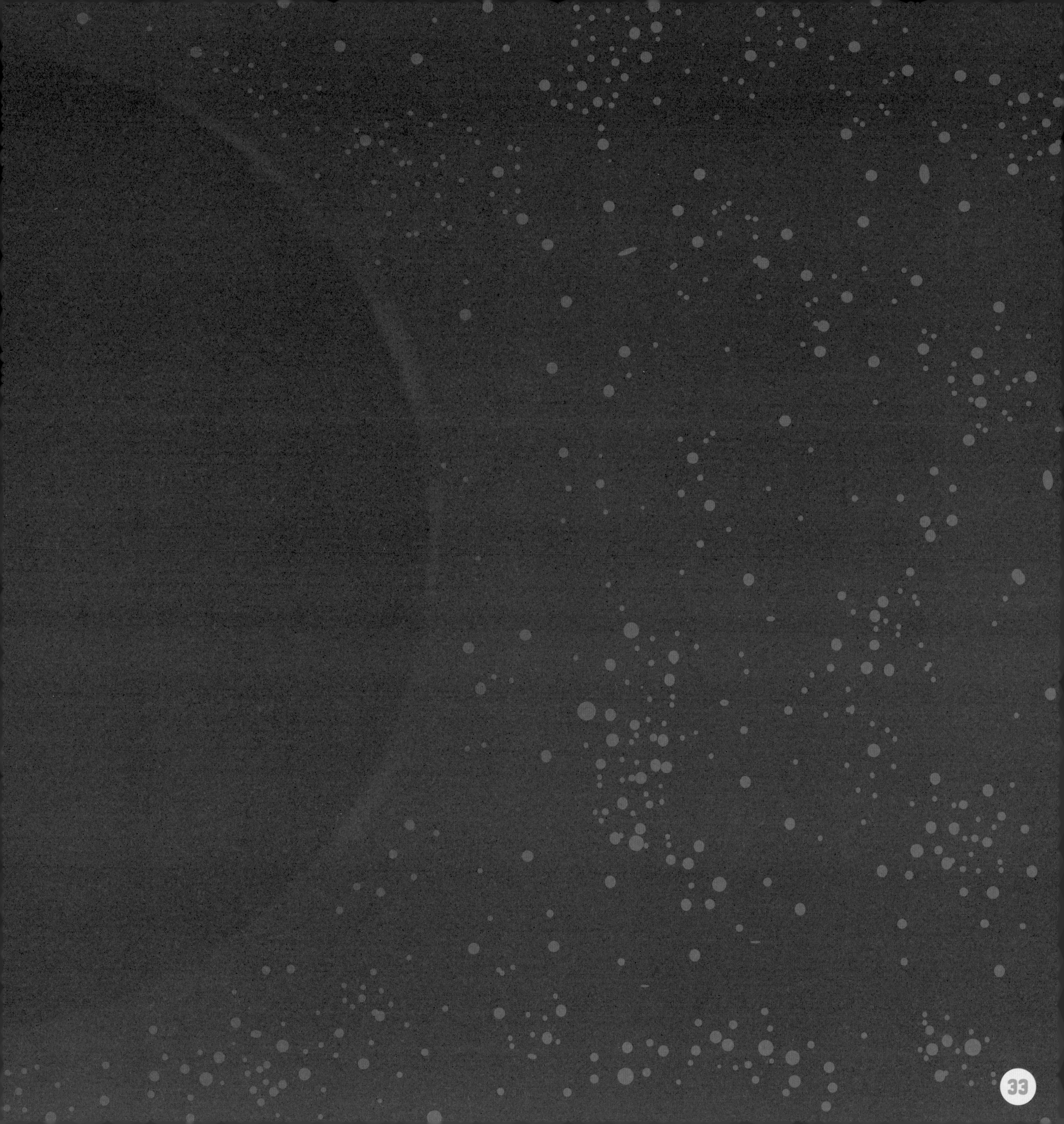

블랙홀은 우주에서 **아주 특이한 천체**예요.
블랙홀은 엄청나게 큰 질량이 작은 공간에 밀집돼 있어서 **중력이 아주 커요**.
그래서 **빛도 그 중력을 뿌리치고 빠져나올 수가 없어요**.

블랙홀은 시공간에 뚫린 구멍으로, 일단 그곳으로 들어간 것은 그 어떤 것도 빠져나올 수 없어요.
블랙홀은 **어마어마한 중력장으로** 주변의 모든 것을 끌어당겨 집어삼켜요.
이 검은 괴물은 우주 먼지와 혜성, 행성, 별, 그리고 심지어 빛까지도 집어삼킬 수 있어요.

블랙홀이 태어나는 과정

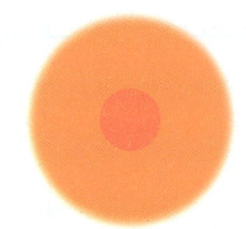

👁 27쪽에서 보았듯이, 블랙홀은 아주 큰 별이 초신성 폭발을 일으키며 죽은 뒤에 생겨납니다.

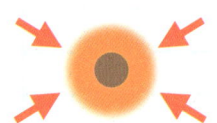

만약 별의 질량이 충분히 크면, 엄청난 중력 때문에 남은 물질이 안쪽으로 떨어지면서 모든 질량이 하나의 점으로 압축됩니다.

블랙홀은 어마어마한 중력장으로 주변의 시공간을 구부러뜨려요. 그래서 하나의 점을 중심으로 시공간에 움푹 파인 구멍이 생기지요.

블랙홀 속에는 무엇이 있을까요?

그것은 알 방법이 없어요.

블랙홀은 빛이 빠져나오지 못하므로 밖에서 볼 수가 없어요. 그래서 블랙홀('검은 구멍'이라는 뜻)이라는 이름이 붙었어요.

블랙홀의 경계를 **사건의 지평선**이라 불러요.

이 경계를 넘어가는 것은 어떤 것도 빠져나올 수 없어요.

블랙홀 내부에는 정보가 있지만, 우리가 접근할 방법이 없어요.

사건의 지평선 너머에 무엇이 있는지 알 수 있는 방법이 없어요. 이것은 마치 반대쪽에 있는 것을 숨기는 '우주 검열' 제도가 작동하고 있는 것과 같아요.

큰 은하들의 중심에는 초거대 블랙홀이 있어요.

블랙홀의 크기는?

별 질량 블랙홀
질량이 태양의 약 10배 정도인 블랙홀은 반지름이 겨우 30km에 불과할 정도로 아주 작아요.

초거대 블랙홀
이 블랙홀은 질량이 태양의 수백만 배나 되고, 크기도 반지름이 행성의 궤도와 비슷할 만큼 아주 커요. 이런 초거대 블랙홀은 큰 은하의 중심에서 발견할 수 있어요.

블랙홀도 '증발한다'

물리학자 스티븐 호킹이 블랙홀의 기묘한 성질 한 가지를 예측했어요. 호킹은 시간이 지나면 블랙홀도 증발한다고 말했어요. 즉, 블랙홀이 물질을 복사의 형태로 내보내면서 잃기 시작해 결국에는 큰 폭발과 함께 사라진다고 해요. 이 현상을 호킹 복사라고 불러요.

하지만 태양 질량의 블랙홀이 증발해 사라지려면, 3.4×10^{67}년(10^{67}년은 1 뒤에 0이 67개 붙은 수)이나 걸려요. 이에 비해 우주의 나이는 1.38×10^{10}년에 불과해요.

블랙홀을 발견하는 방법

우리는 블랙홀을 직접 볼 수는 없지만, 그 대신에 블랙홀의 엄청난 중력이 만들어 내는 효과를 관측할 수는 있어요. 예를 들면, 블랙홀은 중력 렌즈(◎13쪽 참고) 효과를 일으켜, 자기 뒤쪽에서 오는 빛을 구부러뜨려 우리가 관측할 수 있게 해 줘요. 또, 보이지 않는 물체 주위에서 궤도를 돌고 있는 별이 발견되면, 보이지 않는 물체가 큰 중력으로 별을 끌어당기는 블랙홀일 가능성이 있어요.

블랙홀 속으로 들어가면 어떤 일이 일어날까요?

여러분이 블랙홀 속으로 들어간다고 한번 상상해 보세요. 물론 이것은 아주 불운한 일이겠지요. 그런데 사건의 지평선을 건너는 순간 어떤 일이 일어날까요?

밖에 있는 사람에게 도와달라고 소리쳐 봐야 아무 소용도 없어요. 밖에서는 여러분을 보거나 들을 수가 없으니까요. 빛을 포함해 그 어떤 신호도 블랙홀에서 탈출할 수 없거든요.

블랙홀 속으로 떨어져 중심으로 다가갈 때, 발에 미치는 중력이 머리에 미치는 중력보다 훨씬 강해요. 그 결과로 마치 두 거인이 양쪽에서 머리와 발을 잡아당기는 것과 같은 상황이 벌어져요. 그래서 여러분의 몸은 스파게티 가닥처럼 길게 늘어나기 시작해요. 그러다가 마침내 산산조각이 나고 말 거예요.

우주 배경 복사

이것은 전체 우주의 모습을 촬영한 것 중 가장 오래된 영상이에요.

이것은 우주 배경 복사(우주 마이크로파 배경 복사라고도 해요)를 나타낸 지도예요. 우주 배경 복사는 빅뱅 후 38만 년이 지난 시점에 전체 우주를 가득 채우고 있던 전자기 복사가 긴 시간이 흐르는 동안 마이크로파의 형태로 변한 것이에요. 그럼, 우주 배경 복사가 정확하게 무엇인지 알아보기로 해요.

이 우주 배경 복사 영상은 유럽우주국이 발사한 플랑크 우주 탐사선이 촬영한 영상이에요.

광자가 빛의 입자라는 사실을 기억하고 있나요? 광자는 질량은 없지만 에너지는 갖고 있으며, 직선으로 나아갑니다.

👁 더 자세한 내용은 『처음 읽는 양자물리학』을 참고하세요.

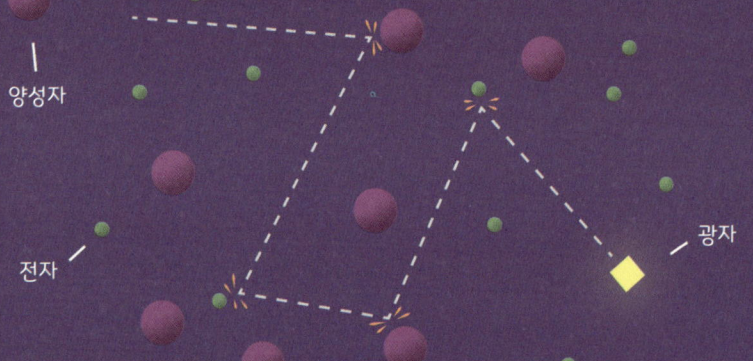

반투명한 우주

초기 우주는 전하를 띤 입자들로 가득 차 있었는데, 양성자와 전자가 대부분을 차지했어요. 이 입자들은 아주 빠르게 움직이면서 서로 충돌해 모든 것을 아주 뜨겁게 만들었지요. 이러한 물질 상태를 플라스마(plasma)라고 부르는데, 별 내부의 환경과 아주 비슷해요.

이렇게 아주 뜨거운 우주에서는 광자들이 끊임없이 전자와 양성자와 충돌했어요.

충돌이 너무 많이 일어나는 바람에 광자는 자유롭게 직선 방향으로 나아갈 수 없었죠. 이 때문에 우주는 반투명하거나 불투명한 상태였어요.

재결합

우주는 팽창하면서 식어 갔어요. 빅뱅에서 38만 년이 지났을 때, 우주의 온도는 3000K까지 떨어졌어요. 그러자 전자와 양성자가 결합해 중성 원자가 만들어졌지요. 이때부터 이리저리 방황하던 광자가 똑바로 나아가기 시작했어요. 그러면서 우주가 투명해졌어요.

이렇게 우주 곳곳으로 나아가기 시작한 최초의 광자들이 지금도 우리에게 도착하고 있어요. 이것이 바로 우주 배경 복사인데, 이 복사는 우주 모든 곳에서 발견됩니다.

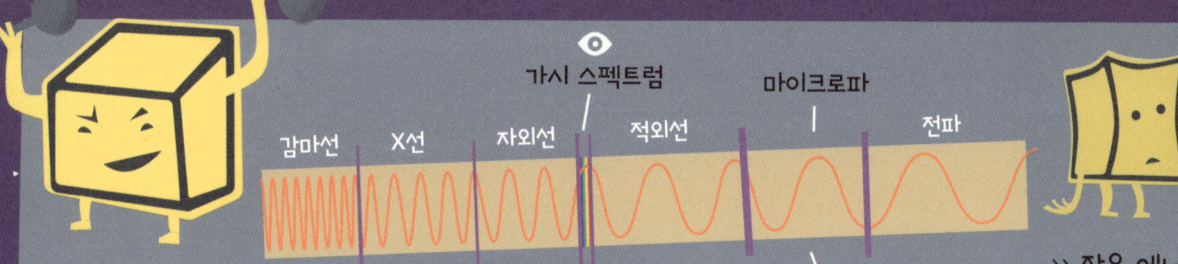

빛은 전자기파인데, 우리는 전체 전자기파 스펙트럼 중 일부만 볼 수 있어요. 그래서 이 부분을 가시 스펙트럼이라고 부르지요.

에너지가 더 큰 전자기파일수록 파장이 더 짧아요.

우주가 팽창하면서 식어 가자, 초기의 이 광자들은 점점 에너지를 잃었어요.
처음에 광자들은 에너지가 크고 밝게 빛났지만, 지금은 에너지가 크게 낮아져서 마이크로파로 변했어요.

오늘날 우주의 온도는 절대 영도(현실에서 도달할 수 있는 가장 낮은 온도)보다 겨우 약 3도 높은 수준이에요.
그것을 어떻게 아느냐고요? 우주 배경 복사의 온도가 바로 이 온도이기 때문이지요.

 ## 과거로 떠나는 시간 여행

우리가 알다시피, 햇빛이 태양에서 지구까지 오는 데에는 8분 20초가 걸려요. 따라서 지금 우리가 보는 태양의 모습은 8분 20초 전의 모습이에요. 밤하늘에서 보는 별들 중 일부는 그 빛이 수천 년 전에 출발한 것이어서 우리가 보는 별의 모습은 먼 과거의 모습이에요.

더 먼 곳에 있는 별일수록 빛이 우리에게 오는 데 더 많은 시간이 걸리므로 우리는 더 먼 과거를 보는 셈이지요.

우주 배경 복사는 우리가 볼 수 있는 것 중 가장 오래된 빛이에요. 재결합 이전에는 빛이 자유롭게 날아다닐 수 없었어요. 그래서 아무리 더 먼 우주를 보더라도 그 이전의 실제 우주 모습이 어떠했는지는 알 수 없어요.

우주 배경 복사는 1964년에 미국의 전파천문학자 아노 펜지어스와 로버트 윌슨이 처음 발견했어요.

그들의 통신 안테나에 알 수 없는 마이크로파 신호가 잡혔는데, 그것은 우주의 모든 곳에서 날아오는 것처럼 보였어요. 처음에는 안테나 속에 비둘기가 둥지를 만들어 전파 잡음이 생긴 게 아닐까 생각했지만, 비둘기를 쫓아낸 뒤에도 잡음은 사라지지 않았어요.

그런데 거기서 멀지 않은 프린스턴 대학교에서 다른 과학자들이 우주 배경 복사를 연구하고 있었어요. 그들은 펜지어스와 윌슨이 발견했다는 수수께끼의 전파 신호 이야기를 듣고서 그것이 자신들이 그토록 찾던 우주 배경 복사라는 사실을 알아챘지요.

우리를 만들고, 우리가 보고 만질 수 있는 정상 물질은 우주에 존재하는 전체 물질 중 일부에 지나지 않아요.
나머지 물질의 정체가 정확하게 무엇인지는 아직 몰라요. 이 미지의 물질을 암흑 물질이라고 불러요.

암흑 물질 수수께끼

우리가 아는 정상 물질은 주로 양성자와 중성자와 전자로 이루어져 있어요. 이에 반해 암흑 물질은 어떤 물질이나 에너지와도, 심지어 빛과도 상호 작용하지 않아요. 암흑 물질을 탐지하는 방법은 그것이 만들어 내는 중력 효과를 발견하는 것 뿐인데, 따라서 암흑 물질이 질량을 갖고 있다는 것은 분명해요.

정상 물질 5%
암흑 물질 27%
암흑 에너지 68%

암흑 물질에 대해 우리가 알고 있는 것

질량이 있으므로 중력을 통한 상호 작용은 일어나요.

빛과 상호 작용을 전혀 하지 않아요. 따라서 광자를 흡수하거나 방출하지 않으므로 볼 수가 없어요. 이 때문에 암흑 물질보다는 투명 물질이라는 이름이 더 어울려요.

전기적으로 중성이어서 전하가 없어요.

암흑 물질은 아주 풍부하여 우주 전체의 질량과 에너지 중 약 27%를 차지해요. 이것이 얼마나 많은 양인지 감을 잡으려면, 정상 물질이 겨우 5%에 불과하다는 사실을 생각해 보세요. 그리고 나머지 68%는 훨씬 더 불가사의한 존재인 암흑 에너지(◉ 44쪽 참고)가 차지하고 있어요.

암흑 물질을 찾기 위한 노력

우리는 암흑 물질이 곳곳에 있다는 사실을 알지만, 지금까지 그 흔적을 전혀 발견하지 못했어요. 그래서 과학자들은 암흑 물질을 찾으려고 애쓰는데, 이 기이한 물질을 이루는 '입자'를 발견하기 위해 이미 여러 가지 실험이 진행 중이에요.

암흑 물질을 이루는 입자는 질량이 아주 작을 것으로 생각되지만, 아주 많이 존재하기 때문에 그 중력 효과가 눈에 띄게 나타납니다.

암흑 물질에 대해 우리가 아는 것은 이게 다예요.

1933년, 프리츠 츠비키(1898~1974)가 처음으로 암흑 물질이 존재할 가능성을 주장했어요. 그는 관측을 통해 머리털자리 은하단의 은하들 사이에 보이지 않는 물질이 존재한다는 사실을 알아냈지요.

암흑 물질이 있다는 걸 어떻게 아나요?

암흑 물질은 눈으로는 볼 수 없지만, 그 질량에서 나오는 중력 효과를 관측할 수 있어요.

예를 들면, 별들(정상 물질)의 질량을 바탕으로 은하의 질량을 계산한 뒤, 그 중력 효과로 계산한 질량과 비교해 보면, 전체 질량 중 약 80%가 보이지 않는 물질이나 에너지로 존재한다는 사실을 알 수 있어요.

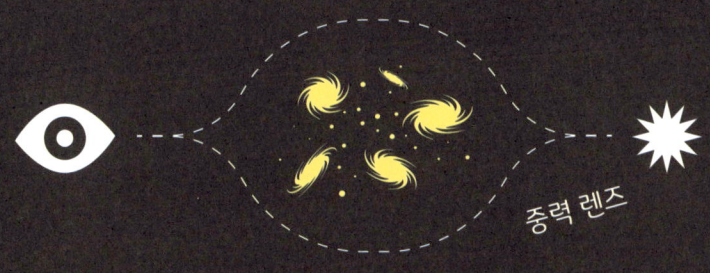

중력 렌즈

또 은하단에서 나타나는 거대한 중력 렌즈(◉ 13쪽 참고) 효과로 알 수도 있어요. 보이지 않는 물질이 중력 렌즈 효과를 일으킨다면, 그것은 암흑 물질일 가능성이 높지요.

베라 루빈

베라 루빈(1928~2016)은 암흑 물질의 존재를 뒷받침하는 증거 중 가장 확실한 것을 발견한 미국 천문학자예요. 루빈은 은하 안에서 별들이 은하 중심 주위를 얼마나 빨리 도는지 관측하여 그 증거를 발견했어요.

은하 중심에서 멀리 있는 별일수록 공전 속도가 느려야 정상인데, 관측 결과는 그렇지 않았어요. 그 대신에 별들은 은하 중심에서의 거리에 상관없이 늘 거의 똑같은 속도로 돌았어요. 이런 일은 은하 주위에 보이는 것보다 훨씬 많은 물질이 있어야만 일어날 수 있어요. 보이지 않는 그 물질이 바로 암흑 물질이지요.

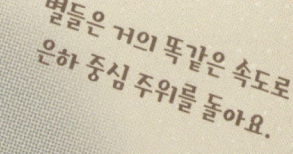

별들은 거의 똑같은 속도로 은하 중심 주위를 돌아요.

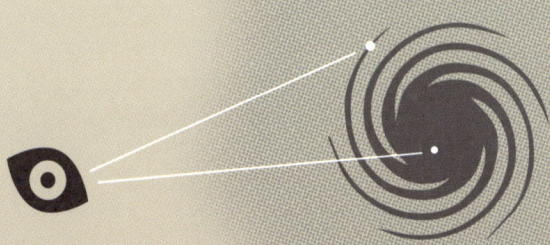

우주망

우주망은 아주 놀라운 우주의 거대 구조예요. 우주망은 은하들을 연결하는 **거대한 가스 필라멘트**(필라멘트는 가는 실 같은 구조를 말해요)로 이루어져 있는데, **우주의 거미줄**이라고도 불러요.

빅뱅 이후에 만들어진 전체 **수소** 중 절반 이상이 은하들 사이의 공간에 **300만 광년 이상** 뻗어 있는 이 가스 필라멘트에 모여 있는 것으로 추정해요.

필라멘트로 둘러싸인 가운데에는 눈에 보이는 물질이 거의 없이 **텅 빈 지역이 거품 방울처럼** 넓게 자리잡고 있어요.

필라멘트가 겹치는 곳에서는 은하 **집단**(◉ 17쪽 참고)이 발견되는데, 은하 수천 개가 주로 **암흑 물질의 중력** 때문에 함께 모여 있는 우주의 거대 구조예요.

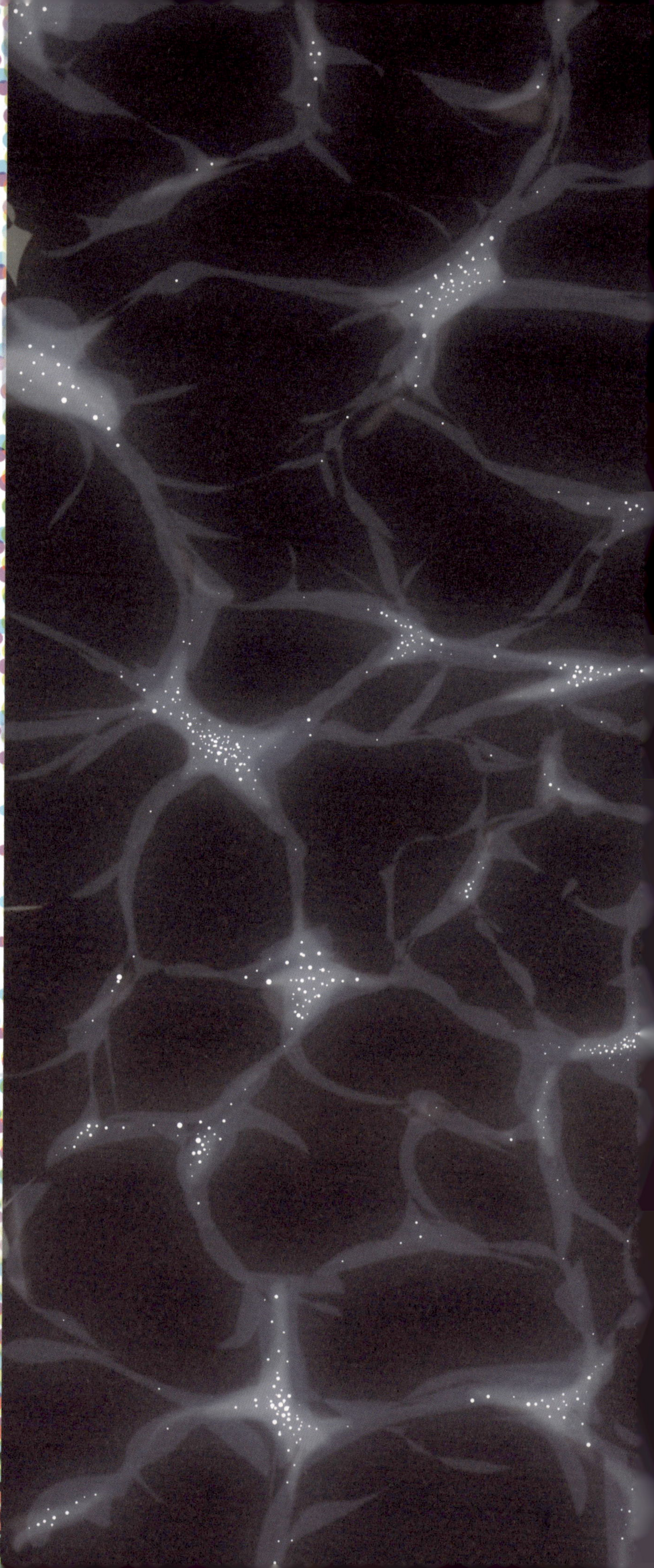

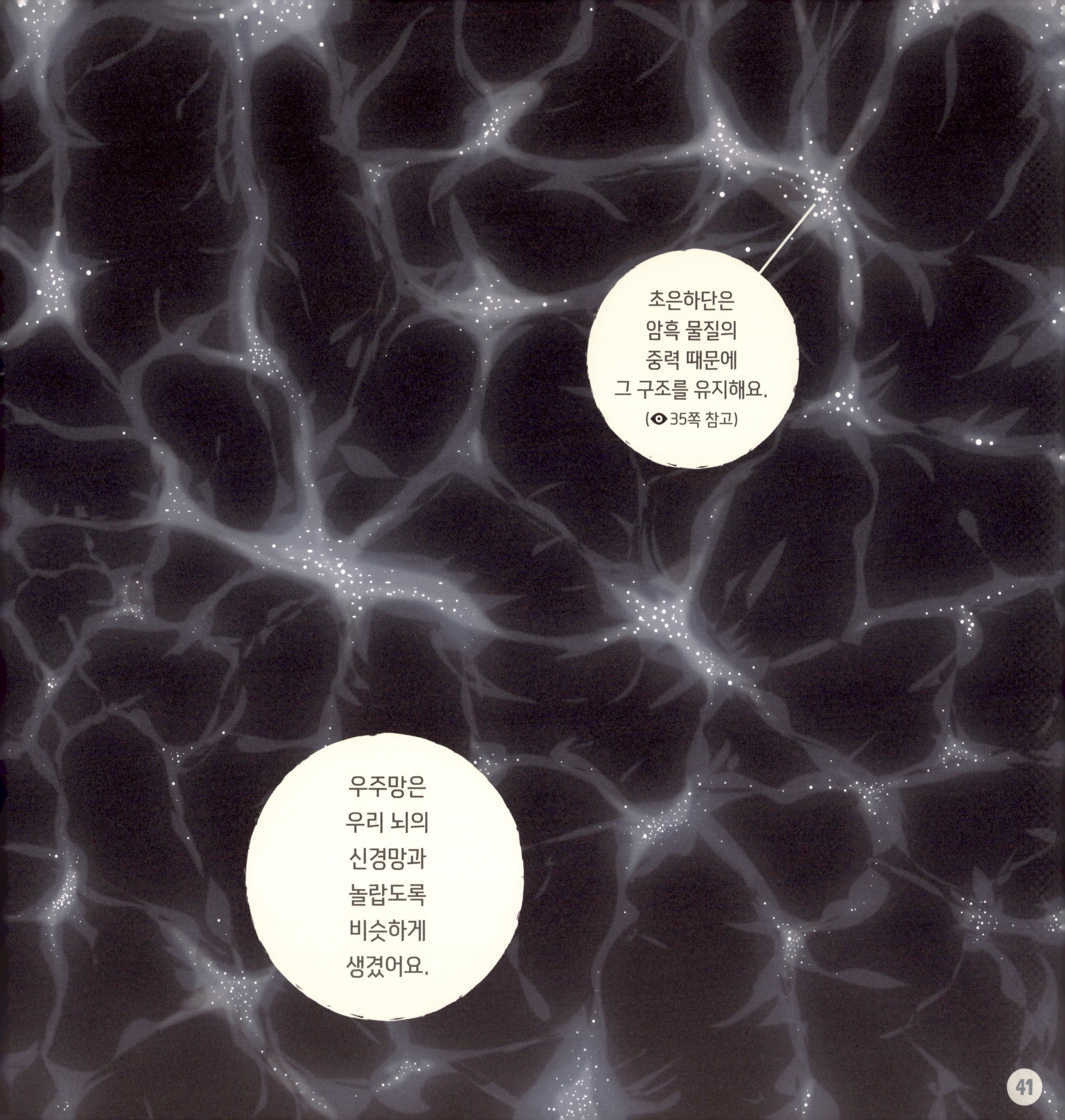

초은하단은
암흑 물질의
중력 때문에
그 구조를 유지해요.
(👁 35쪽 참고)

우주망은
우리 뇌의
신경망과
놀랍도록
비슷하게
생겼어요.

팽창하는 우주

조르주 르메트르

알렉산드르 프리드만

우주가 팽창한다는 개념을 이론적으로 맨 처음 주장한 사람은 벨기에의 신부 조르주 르메트르(1894~1966)와 러시아의 수학자이자 천문학자인 알렉산드르 프리드만(1888~1925)이에요.

그 당시에는 사람들이 이 개념을 대수롭지 않게 여겼지만, 1929년에 미국 천문학자 에드윈 허블(1898~1974)이 우주가 실제로 팽창한다는 증거를 발견하면서 상황이 확 바뀌었어요.

에드윈 허블

허블은 은하들을 관측하다가 대다수 은하가 우리에게서 멀어져 가며, 게다가 먼 은하가 가까운 은하보다 더 빠른 속도로 멀어져 간다는 사실을 발견했어요. 르메트르는 우주가 점점 커지고 있다면, 시간을 거슬러 먼 과거로 가면 이 팽창이 시작된 지점, 즉 빅뱅으로 우주가 시작된 지점에 이를 것이라고 생각했어요. 다만, 르메트르는 이것을 빅뱅 이론이라고 부르지 않고 '원시 원자 가설'이라고 불렀어요.

20세기 초에 아인슈타인을 포함해 모든 사람은 우주가 정적이고 영원하다고 믿었어요. 즉, 우주는 먼 옛날부터 늘 존재했고, 항상 지금과 똑같은 모양이었으며, 그렇게 영원히 계속될 것이라고 믿었지요. 그러나 허블의 발견이 나오자, 이제 우주는 더 이상 정적이고 불변의 존재가 아니라 우주도 동적이고 변한다는 사실이 분명해졌어요.

우주가 팽창한다는 것이 정확하게 무슨 뜻인지 알아보기로 해요.

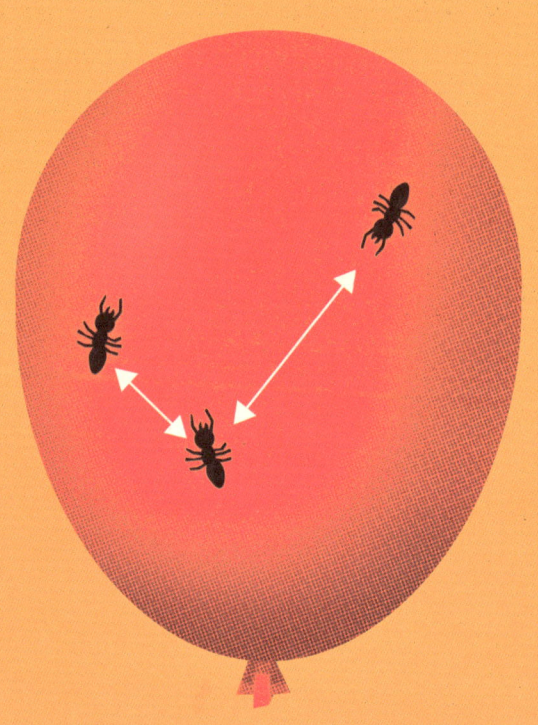

약간 부풀린 풍선 위에 개미 몇 마리가 꼼짝도 하지 않고 붙어 있는 상황을 상상해 보세요.

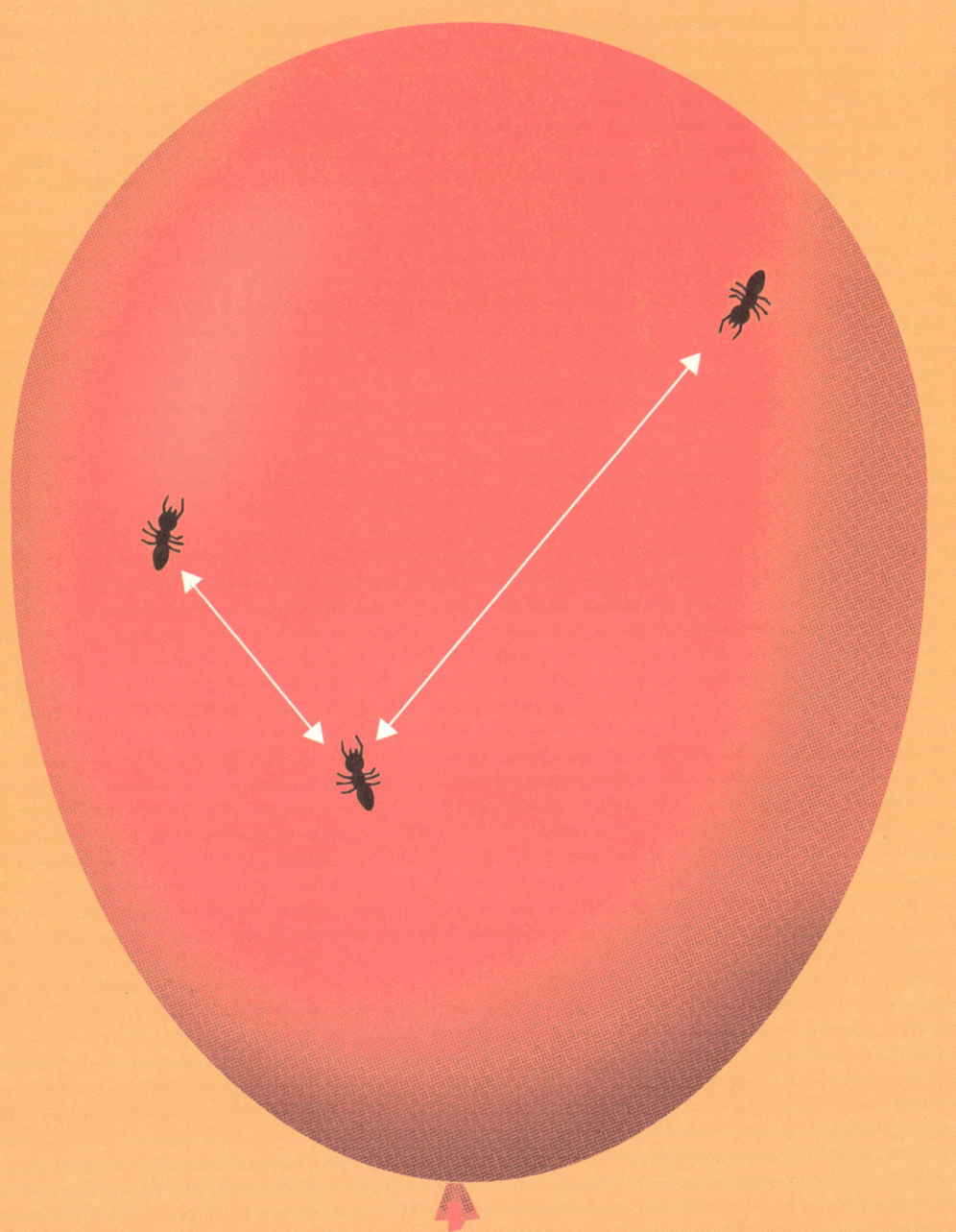

풍선에 바람을 집어넣어 크게 부풀리기 시작하면, 풍선 위에 있는 개미들이 서로 멀어지는 것을 볼 수 있어요.

각각의 개미는 자신이 특별한 존재이고, 풍선 표면 위에서 중심에 있다고 생각할 수 있어요. 왜냐하면 자신의 관점에서 볼 때 다른 개미들이 모두 멀어져 가는 것으로 보이니까요.

하지만 밖에서 바라보면, 어떤 개미도 특별한 존재가 아니에요. 풍선 표면 위에는 중심 같은 곳이 없으니까요.

우주에서도 이와 비슷한 일이 일어납니다. 우주가 팽창함에 따라 시공간 천이 늘어나면서 그 위에 있는 모든 것이 서로 멀어져 가지요.

우주의 중심이라고 부를 수 있는 특별한 장소는 없어요. 우주의 어느 장소에 있건, 모든 은하들이 자신에게서 멀어져 가는 것으로 보여요. 그래서 마치 자신이 우주의 중심인 듯한 착각이 들지요.

팽창하는 것은 시공간이에요!

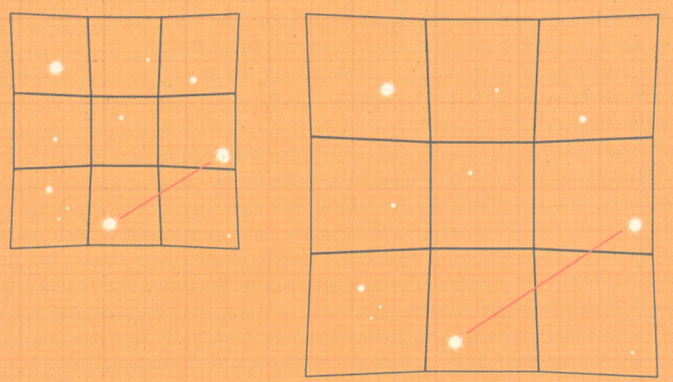

빅뱅 이후 우주는 계속 팽창하면서 점점 더 많은 시공간이 만들어졌어요.

허블-르메트르 법칙

이 법칙은 먼 은하(2)가 가까운 은하(1)보다 두 배 먼 거리에 있다면, 우리의 관점에서 볼 때 먼 은하가 가까운 은하보다 두 배 빠른 속도로 멀어져 간다고 말합니다. 이 법칙은 그래프로 나타내면 이해하기가 훨씬 쉬워요.

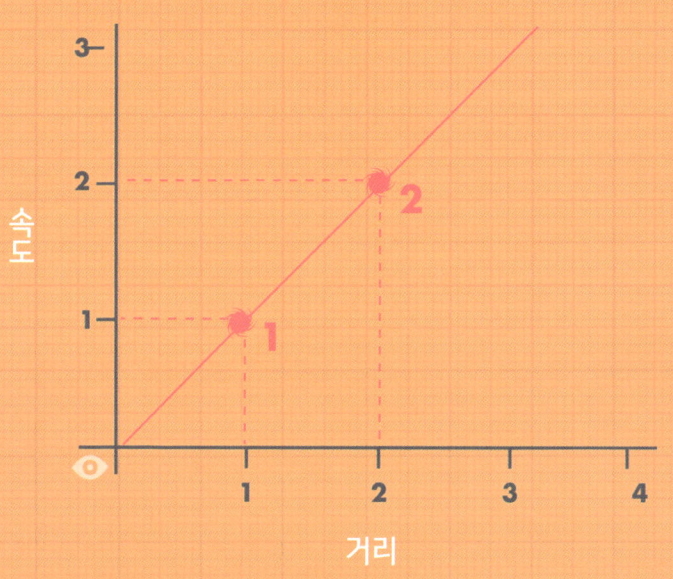

더 멀리 있는 은하일수록 더 빠른 속도로 멀어져 가요.

암흑 에너지

암흑 에너지는 온 우주에 퍼져 있는 기묘한 종류의 에너지예요. 큰 규모에서 볼 때 우주에서 지배적인 힘은 인력으로 작용하는 중력이에요. 하지만 불가사의한 이유로 은하들은 서로에게서 멀어져 가고 있어요.

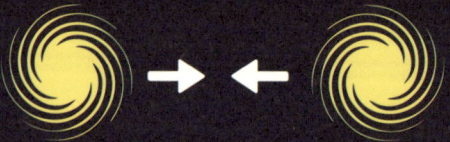

정상적으로는 은하들은 중력 때문에 서로를 끌어당겨야 해요.

아인슈타인은 이 개념이 아주 이상해 보였어요. 아인슈타인은 우주가 조용하고 정적인 장소라고 여겼는데, 그렇다면 우주에는 중력을 상쇄하는 미지의 원인이 틀림없이 있을 것이라고 생각했지요. 아인슈타인은 그 원인을 우주 상수(Λ)라고 불렀어요.

그러나 앞에서 보았듯이 우주는 팽창하고 있어요. 우주의 팽창 원인은 빅뱅에 있는데, 암흑 에너지는 이 팽창 속도를 더 빠르게 해요.

우리는 암흑 에너지가 무엇인지, 그리고 어떻게 생겨났는지 몰라요. 하지만 암흑 에너지가 존재한다는 사실은 아는데, 우주가 점점 더 빨리 팽창하고 있기 때문이지요.

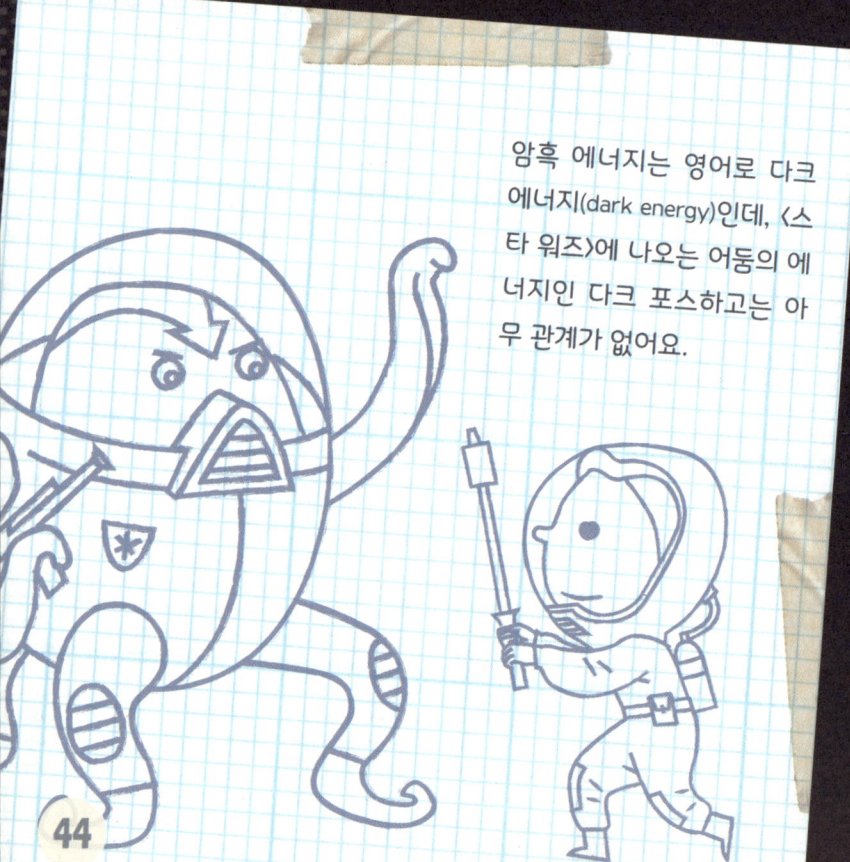

암흑 에너지는 영어로 다크 에너지(dark energy)인데, 〈스타 워즈〉에 나오는 어둠의 에너지인 다크 포스하고는 아무 관계가 없어요.

1998년, 먼 은하들에 나타나는 초신성을 연구하던 과학자들은 그 은하들이 계산한 것보다 더 빨리 멀어져 간다는 사실을 발견했어요.

그 당시 우주론자들은 우주가 팽창한다는 사실을 알고 있었지만, 우주가 균일한 속도로 팽창한다고 생각했어요. 따라서 은하들은 서로에게서 일정한 속도로 멀어져 가야 했지요.

그래서 과학자들은 은하들이 서로에게서 점점 더 빠른 속도로 멀어져 간다는 사실에 깜짝 놀랐어요.

우주의 팽창 속도가 점점 더 빨라지는 이유는 무엇일까요?

이 수수께끼에 대한 답이 바로 암흑 에너지에 있어요.

우리는 암흑 에너지의 정체가 정확하게 무엇인지 모르지만, 이것은 우주 규모에서 중력과 반대 방향으로 작용하는 음의 압력을 만들어 내요.

암흑 에너지는 은하들을 서로 다가가게 하는 대신에 멀어져 가게 하는 반중력으로 작용해요. 그뿐만이 아니라 시간이 흐를수록 은하들을 점점 더 빠른 속도로 멀어져 가게 하죠.

우리는 암흑 에너지가 무엇인지 모르지만, 암흑 에너지는 분명히 우주에 존재하고, 현재로서는 우주에서 가장 중요한 영향력을 행사하며, 우주의 운명에 돌이킬 수 없는 효과를 미쳐요.

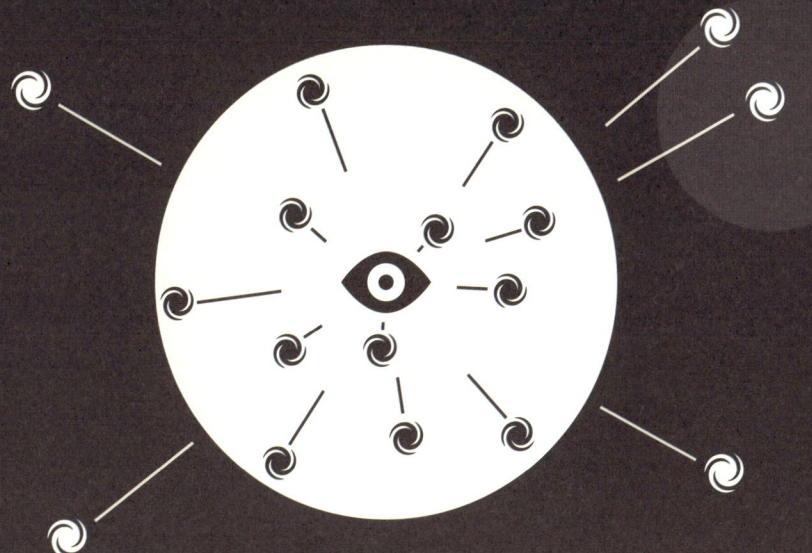

우주 전체의 질량과 에너지 중 68%를 암흑 에너지가 차지해요.

(따라서 우리는 우주를 이루는 핵심 성분이 무엇인지 감조차 잡지 못하는 셈이에요. 😅)

45

중력파

질량을 가진 물체의 움직임으로 시공간 천에 교란이 일어나면, 시공간에 잔물결이 생겨나요. 빛의 속도로 이동하는 이 시공간의 잔물결을 중력파라고 불러요.

코르크 마개

파동(잔물결)

연못에 코르크 마개가 떠 있다고 상상해 보세요. 그 주변의 물은 아주 고요해요. 그런데 갑자기 코르크 마개를 물 밖으로 꺼내면, 코르크 마개가 있던 곳을 채우기 위해 물이 모여들면서 동심원 모양의 파동, 즉 잔물결이 생겨요.

만약 태양을 있던 곳에서 없애더라도 이와 똑같은 일이 일어날 거예요. 앞에서 보았듯이 태양은 그 질량 때문에 주변의 시공간을 구부러뜨려 지구와 다른 행성들을 끌어당기는 중력을 만들어 내지요.

갑자기 태양이 있던 곳에서 사라지면, 시공간이 원래의 상태로 되돌아가면서 교란이 일어나는데, 이 교란이 시공간 천에 중력파를 만들어 내요. 이 중력파가 지구에 도착하기까지는 8분 20초가 걸릴 거예요.

우주에 존재하는 다른 힘들*과 비교하면 중력은 아주 약해요. 중력파는 발견하기가 아주 어려운데, 지구까지 오려면 아주 먼 거리를 여행해야 하고 도중에 에너지를 잃기 때문이에요.

아인슈타인은 중력파의 존재를 예측했지만, 그 에너지가 너무 약해 발견될 것이라고는 기대하지 않았어요! 그러나 기술이 크게 발전한 덕분에 지금은 엄청난 에너지가 방출되는 사건에서 나온 중력파를 발견할 수 있어요. 예를 들면, 두 블랙홀이 충돌할 때 발생하는 중력파를 탐지할 수 있어요.

시공간에 생긴 파동

두 블랙홀의 충돌

★ 전자기력, 약한 상호 작용, 강한 상호 작용.

중력파를 탐지하다

LIGO 중력파 관측소

LIGO는 간섭계라는 장비를 사용해 중력파를 검출해요.

2015년 9월 14일, 처음으로 중력파를 탐지하는 데 성공했어요.

그것은 13억 광년 떨어진 곳에서 두 블랙홀이 충돌하면서 생긴 시공간의 교란에서 나온 것이었어요. 아주 먼 이곳에서 일어난 사건을 '레이저 간섭계 중력파 관측소'인 LIGO(라이고)에서 관측했지요.

사실, LIGO 관측소는 두 군데가 있어요. 둘 다 미국에 있는데, 중력파 탐지가 실제로 일어났다는 확신을 얻기 위해 두 군데에 관측소를 세웠어요.

VIRGO(비르고)는 이탈리아 피사 근처에 있는 유럽의 중력파 관측소예요. 또, 일본 가미오카에도 KAGRA(카그라)라는 중력파 검출기가 있어요.

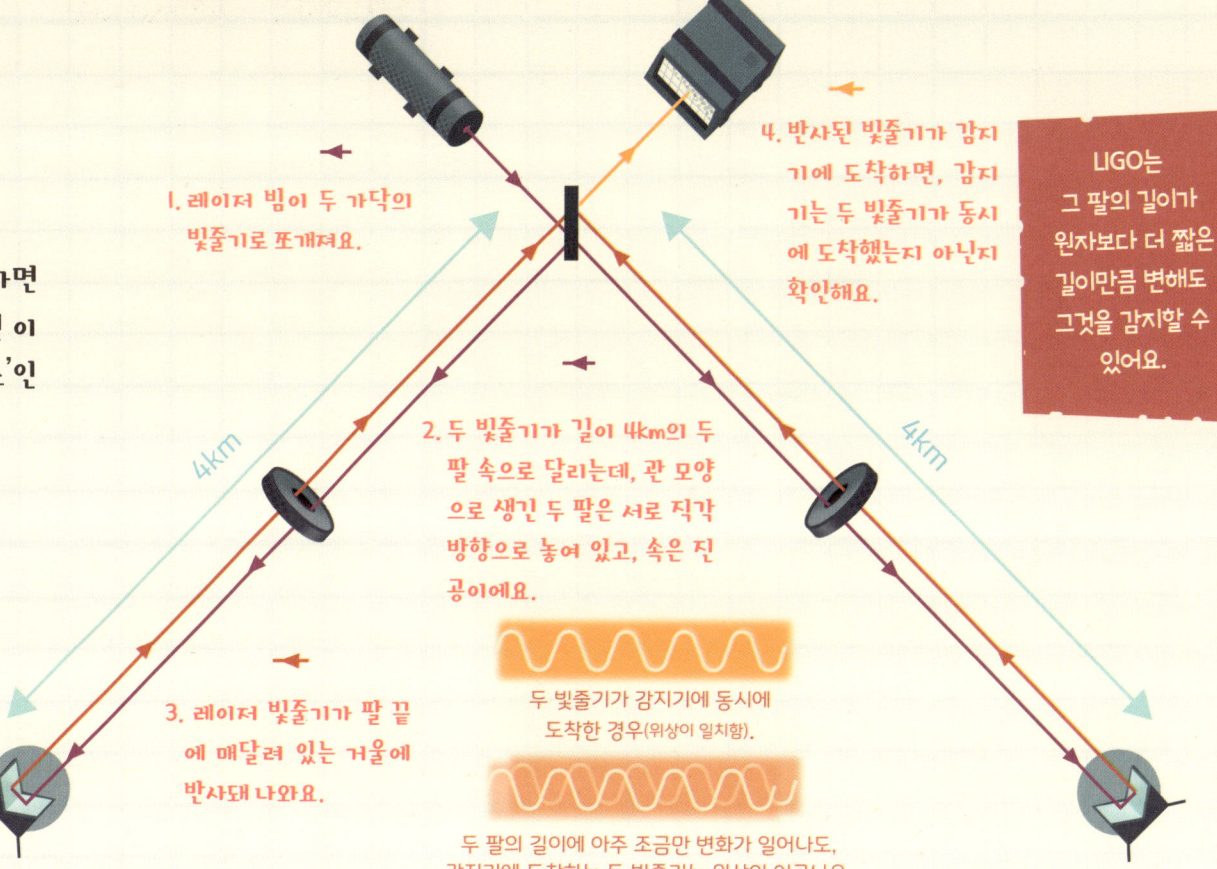

1. 레이저 빔이 두 가닥의 빛줄기로 쪼개져요.

2. 두 빛줄기가 길이 4km의 두 팔 속으로 달리는데, 관 모양으로 생긴 두 팔은 서로 직각 방향으로 놓여 있고, 속은 진공이에요.

3. 레이저 빛줄기가 팔 끝에 매달려 있는 거울에 반사돼 나와요.

4. 반사된 빛줄기가 감지기에 도착하면, 감지기는 두 빛줄기가 동시에 도착했는지 아닌지 확인해요.

LIGO는 그 팔의 길이가 원자보다 더 짧은 길이만큼 변해도 그것을 감지할 수 있어요.

두 빛줄기가 감지기에 동시에 도착한 경우(위상이 일치함).

두 팔의 길이에 아주 조금만 변화가 일어나도, 감지기에 도착하는 두 빛줄기는 위상이 어긋나요.

두 팔의 길이가 똑같으면 두 빛줄기는 감지기에 동시에 도착해요. 그러나 만약 중력파가 지구에 도착한다면, 중력파가 지나갈 때 공간이 휘어지면서 한 팔이 다른 팔보다 더 짧아져요. 그래서 두 빛줄기가 감지기에 동시에 도착하지 않아요. 이런 방법으로 중력파를 탐지할 수 있어요.

LISA 계획

LISA는 매우 민감한 중력파 검출기로, 세 대의 무인 우주 탐사선으로 이루어져 있어요. 이 탐사선들은 각각 한 변이 약 250만 km인 정삼각형의 꼭짓점에 해당하는 지점에서 지구 주위의 궤도를 돌고 있지요.

탐사선들 사이의 거리는 아주 정밀한 레이저로 조절해요. 중력파가 지나갈 때 시공간에 생기는 주름 때문에 우주선들 사이의 거리에 아주 작은 변화가 일어나는데, LISA는 그 작은 변화를 감지하고 그 위치까지 알 수 있어요.

LISA는 유럽우주국(ESA)과 미국 항공우주국(NASA)이 공동으로 추진하는 계획으로, 측정 장비가 놀라울 정도로 민감해, LIGO와 VIRGO가 탐지할 수 없는 중력파를 탐지할 수 있어요.

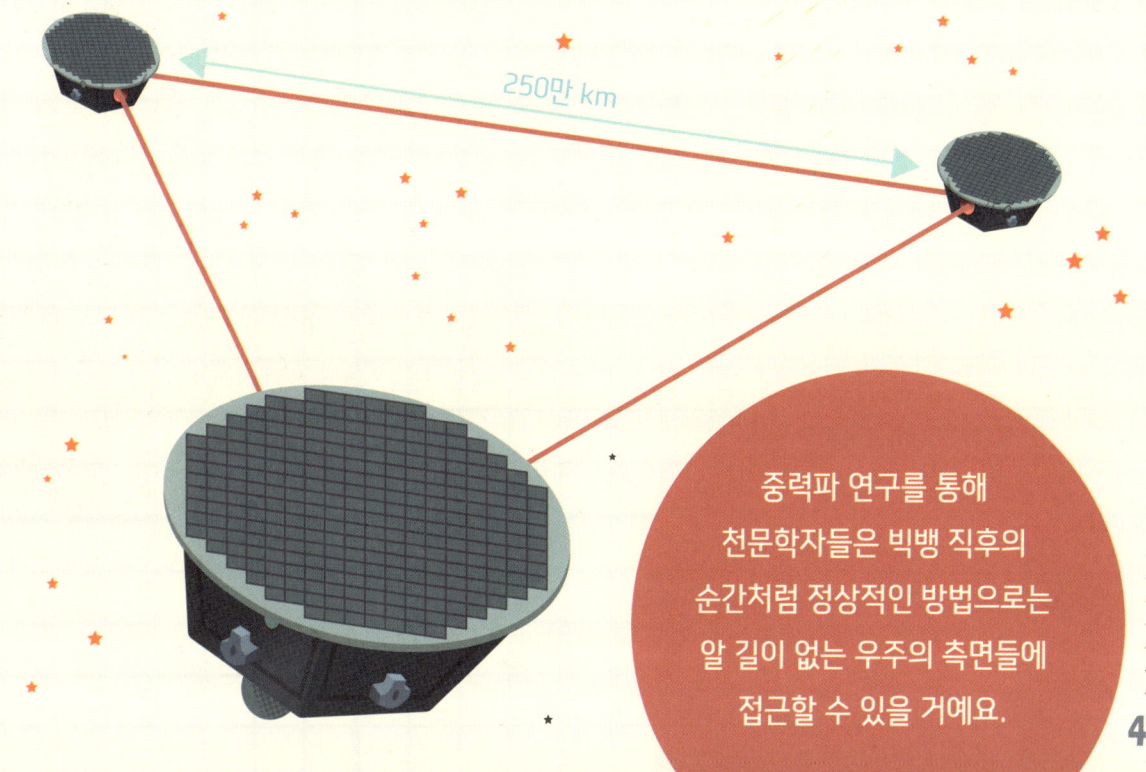

250만 km

중력파 연구를 통해 천문학자들은 빅뱅 직후의 순간처럼 정상적인 방법으로는 알 길이 없는 우주의 측면들에 접근할 수 있을 거예요.

웜홀

앞에서 보았듯이, 질량(또는 에너지)의 작용으로 시공간이 구부러질 수 있어요.
시공간은 무거운 물체를 올려놓으면 아래로 움푹 꺼지는 천과 비슷해요.

종이 위에 서로 멀찌감치 떨어진 점을 2개 그린다고 상상해 봐요. 이제 연필로 선을 그어 두 점을 이으려고 해요. 그런데 그전에 종이를 반으로 접어 보기로 해요.

우리는 연필로 그은 선을 따라 한 점에서 다른 점으로 갈 수도 있지만……

두 점 사이에 구멍을 뚫어 지름길로 갈 수도 있어요.

이제 구멍을 지나가면 한 점에서 다른 점으로 훨씬 빨리 갈 수 있어요.

시공간의 한 점에서 다른 점으로 가길 원한다면, 시공간 천을 구부려서 일종의 터널을 만들어 멀리 있는 두 점을 연결하면 돼요.

터널의 양 끝은 시공간에서 서로 멀리 떨어진 두 지역을 연결하므로, 이 터널을 통과하면 한 곳에서 다른 곳으로 아주 빨리 갈 수 있어요. 이것을 우리는 이렇게 불러요.

웜홀은 멀리 떨어진 두 지점을 지름길로 연결하는 우주 고속도로와 같아요.

웜홀

태양계와 켄타우루스자리 프록시마 사이에 웜홀이 있고, 그 입구가 여러분 집의 거실에 있다고 상상해 보세요……

……그리고 그 속으로 뛰어들면,
지구에서 4광년 떨어진
켄타우루스자리 프록시마의 행성에서
휴일을 보낼 수 있다고 상상해 보세요.

우리는 웜홀이
실제로 존재하는지 알지 못해요.
현재로서는 아인슈타인의
일반 상대성 이론을 바탕으로 한
이론적 추측에 지나지 않아요.
하지만 언젠가 우리가 웜홀을
발견하거나 만들어 낸다면,
정말 환상적이겠지요?

웜홀은 **타임머신**으로도 사용할 수 있어요. 웜홀은 시공간의 서로 다른 지점들을 연결하기 때문에, 현재의 지점과 미래의 지점을 연결할 수도 있어요. 하지만 어떻게 해야 그럴 수 있을까요?

먼저, 웜홀을 만들 만큼 시공간 천을 충분히 구부리는 방법과 원하는 곳이면 어디건 출입구를 만드는 방법을 발견했다고 상상하기로 해요.

웜홀이 시공간의 서로 다른 점들을 즉각 연결한다는 사실을 기억하세요. 즉, 터널의 양 끝이 수백만 광년 떨어져 있다 하더라도, 한쪽 끝에서 불빛을 비추면 즉각 반대쪽 끝으로 그 빛이 나오는 거지요.

미래로 여행하는 한 가지 방법은 엄청나게 빠른 우주선을 타고 가는 것이에요.

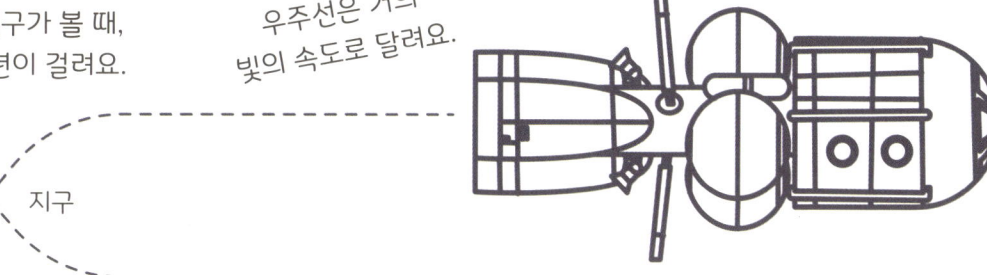

지구에 머물러 있는 친구가 볼 때, 이 왕복 여행에는 8.5년이 걸려요.

우주선은 거의 빛의 속도로 달려요.

우주선에 탄 친구에게는 이 여행이 몇 주일밖에 걸리지 않아요.

지구

켄타우루스자리 프록시마

우주선을 타고 지구에서 가장 가까운 별인 켄타우루스자리 프록시마까지 왕복 여행을 한다고 상상해 보세요. 만약 우주선이 거의 빛의 속도로 달린다면, 지구에서 볼 때에는 이 왕복 여행을 하는 데 8.5년이 걸려요. 하지만 우주선 안에서는 시간 지연 효과 때문에 겨우 몇 주일의 시간만 흘러요.

따라서 똑같이 열두 살인 두 친구 중 한 명은 켄타우루스자리 프록시마로 여행을 떠나고 한 명은 지구에 남기로 한다면, 우주선이 돌아왔을 때 우주선에 탔던 친구는 여전히 열두 살이지만, 지구에 남아 있던 친구는 스무 살이 되어 있을 거예요.

 빠른 속도로 움직이는 사람은 정지해 있는 사람에 비해 시간이 느리게 흘러요. 이 놀라운 현상을 더 자세히 알고 싶다면, 『처음 읽는 상대성 이론』을 참고하세요.

자, 이번엔 웜홀의 한 출입구를 우주선 **내부**에 설치하고, 다른 출입구를 친구의 침실에 설치한다고 상상해 봐요.

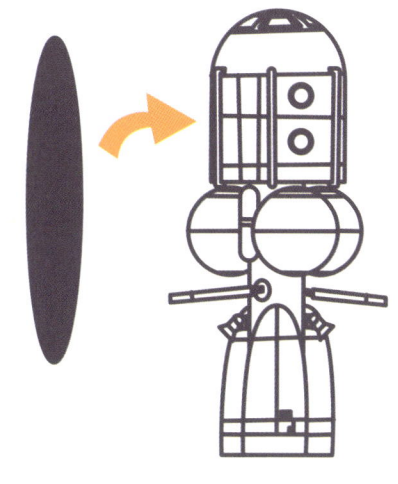

그러면 우주선이 여행에서 돌아왔을 때, 침실에 있는 출입구는 현재인 반면, 우주선에 있는 출입구는 8.5년 전의 과거가 되죠. 이렇게 우리는 타임머신을 만든 거예요!

우주선의 출입구로 들어가 침실로 나오면, 8.5년 뒤의 미래로 여행하게 돼요. 반대로 침실의 출입구에서 우주선으로 나오면, 8.5년 전의 과거로 여행하게 되죠.

만약 웜홀을 만드는 것이 가능하다면, 원하는 곳에 **시간 출입구**를 설치하면서 시공간의 다른 지점들을 연결할 수 있어요. 그러면 먼 미래나 과거로 마음대로 시간 여행을 할 수 있을 거예요! 정말로 놀랍지 않나요?

우주는 어떤 모양일까?

달리 표현하면, 우주의 기하학적 구조는 어떤 것일까요? 우주는 정육면체 모양일까요? 아니면 구나 도넛, 종이, 챙이 달린 모자, 또는 우주선 모양일까요?

하지만 우리가 그 속에 들어 있다면, 그 물체의 모양을 어떻게 알 수 있을까요?

땅 위에 직선을 그으면, 그것은 눈에 보이는 대로 직선이에요. 그런데 직선을 엄청나게 길게 그은 뒤 우주 공간으로 나가 멀리서 바라보면, 그것은 직선이 아니라 행성의 표면과 마찬가지로 구부러져 있다는 걸 알 수 있어요.

지구는 구형이지만, 오랫동안 사람들은 지구가 평평하다고 생각했어요. 지구가 우리에 비해 엄청나게 커서 우리의 눈에는 그 곡률이 보이지 않기 때문이에요. 만약 우리가 살고 있는 행성에 이런 일이 일어난다면, 우주에도 이와 비슷한 일이 일어나지 않을까요? 관측 가능한 우주는 상상을 초월할 만큼 크고, 우리는 우주 밖으로 나가서 우주가 실제로 어떤 모양인지 볼 수가 없어요.

하지만 우주를 가로지를 만큼 엄청나게 긴 직선을 긋는다면 어떻게 될까요?

우주 원리

우주 원리는 우주가 등방적이고 균일하다고 말합니다. 이것은 우주에서 우리가 어디에 있건, 어느 방향을 바라보더라도 우주가 항상 똑같은 모습으로 보인다는 뜻입니다. 우주는 어디나 거의 똑같고, 우주의 중심이라고 부를 만큼 특별한 장소가 없어요. 우주 원리 덕분에 정육면체나 사각뿔 또는 챙이 달린 모자처럼 균일하지 않은 모양들은 우주의 모양에서 제외할 수 있어요.

평행선(자오선)들이 북극점과 남극점에서 만나요.

아인슈타인의 일반 상대성 이론에서 나온 수학 방정식들을 푼 결과에 따르면, 우주의 모양은 다음 세 가지 기하학 형태 중 하나여야 해요.

구형 우주

지구 표면처럼 구형인 우주예요. 이 우주에서는 평행선들이 결국은 만나게 되고, 삼각형의 내각의 합이 180°보다 커요.

쌍곡면 우주

이것은 말 안장처럼 생긴 우주예요. 이 우주에서는 삼각형의 내각의 합이 180°보다 작아요.

평탄한 우주

이것은 우리가 일상생활에서 경험하는 기하학적 구조예요. 이 우주에서는 두 평행선이 결코 만나는 법이 없고, 삼각형의 내각의 합은 정확하게 180°예요.

과학자들 사이에 가장 널리 받아들여지는 우주 모형은 평탄한 우주예요. 과학자들은 이를 뒷받침하는 근거로 우주 배경 복사(◉ 36쪽 참고)의 관측 결과를 들지요. 그러나 현재로서는 우주의 모양이 정확하게 어떻게 생겼다고 확실하게 말할 수 없어요.

관측 가능한 우주

우주는 엄청나게 커서 우리는 그중 일부만 볼 수 있어요.
우리가 볼 수 있는 부분을 관측 가능한 우주라고 불러요.

우리는 우주 지평선 너머에 있는 것은 볼 수 없어요. 우주가 팽창하기 때문에 은하들은 서로 멀어져 가고 있어. 우리는 결국 은하들을 볼 수 없게 될 거예요. 우주가 팽창함에 따라 점점 더 많은 은하가 우리의 시야에서 사라지게 되어요.

우리는 우리에게 도착하는 빛만 볼 수 있어요. 이 때문에 우리는 관측 가능한 우주의 반지름이 138억 광년이라고 생각할 수 있어요. 즉, 우주의 나이와 같다고 생각할 수 있어요. 그러나 빅뱅 이후에 우주가 계속 팽창했기 때문에, 빅뱅 이후에 방출된 빛은 팽창하는 우주를 가로질러 와야 했는데, 우주는 지금도 계속 팽창하고 있지요. 따라서 지금 현재 우리와 관측 가능한 우주 지평선 사이의 실제 거리는 모든 방향으로 약 465억 광년이에요.

465억 광년

지구는 우주의 중심이 아니지만, 우리의 관측 가능한 우주에서는 중심이에요. 우리가 볼 수 있는 것이 모두 포함된 이 우주는 지름이 약 930억 광년인 구(球)예요.

★ 사실은 이보다 약간 작은데, 기억하고 있을지 모르겠지만, 최초로 방출된 광자들은 빅뱅에서 38만 년이 지난 시점인 재결합 때 우주를 날아다녔던 우주 배경 복사이거든요.

》 무한과 그 너머 》 우주 지평선 너머에 무엇이 있는지는 몰라요. 그래도 우리가 알고 있는 것과 비슷한 것들이 있을 가능성이 높아요. 거의 틀림없이 은하와 별, 행성, 암흑 물질, 블랙홀 등이 있을 테고, 이것들은 모두 우리 우주와 동일한 물리학 법칙을 따를 거예요. 하지만 확실한 것은 아무도 몰라요.

우주의 미래는 어떻게 될까?

우주는 계속해서 점점 더 빨리 팽창해 가고,
은하들은 서로에게서 멀어져 가서
결국은 보이지 않게 될 거예요.
아주 오랜 시간이 지난 뒤에는
우리에게는 이웃에 있는 별들만 보일 거예요.

나머지 우주 공간은 캄캄하고 텅 비게 될 거예요.
다른 은하들은 너무나도 멀어져서
그 빛이 우리에게 도착하지 못하게 될 거예요.
게다가 우주는 계속 식어 갈 거예요.
결국에는 블랙홀도 모두 증발하고(◉ 35쪽 참고),
별들은 연료가 모두 바닥나 빛을 잃어 갈 거예요.

우주는 더 이상 생명이 살 수 없는 장소로 변할 것이고,
따라서 살아 있는 생명체는 다른 우주로
옮겨 가야 할 거예요.

그러나 그것은 아주 먼 미래의 일이에요.
지금은 우리가 살고 있는 행성을
잘 돌보는 게 훨씬 중요해요.

우주 달력

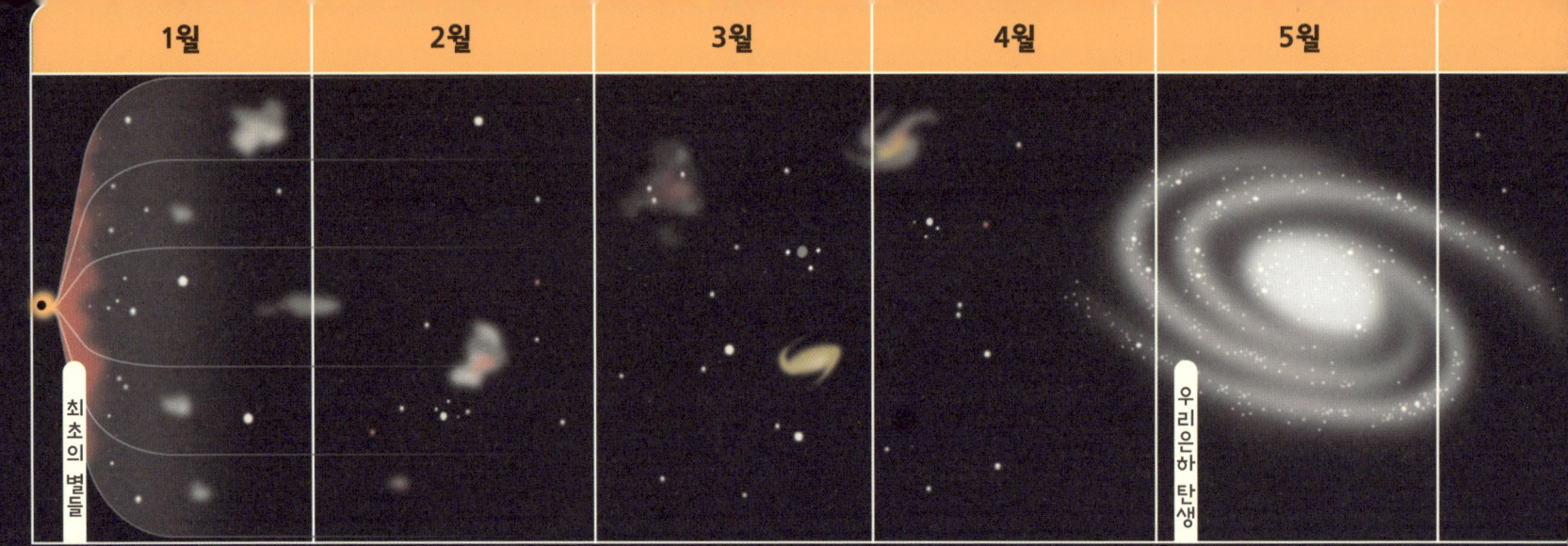

138억 년의 우주 역사를 지구 시간으로 1년에 해당하는 우주 달력으로 압축할 수 있어요.

이 우주 달력에서 한 달은 11억 5000만 년, 하루는 3770만 년, 1시간은 157만 년, 1분은 2만 6238년, 1초는 437년에 해당해요.

유명한 천문학자 칼 세이건이 엄청나게 긴 우주의 역사를 이해하는 데 도움을 주기 위해 이 우주 달력을 만들었어요. 이 우주 달력에서 인류는 마지막 날인 12월 31일에야 나타났고, 모든 문명은 마지막 1분 안에 들어가 있어요.

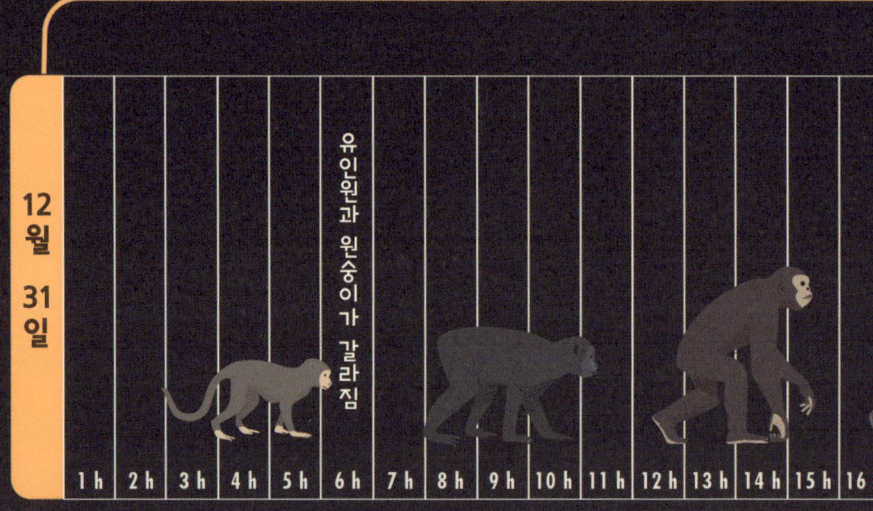

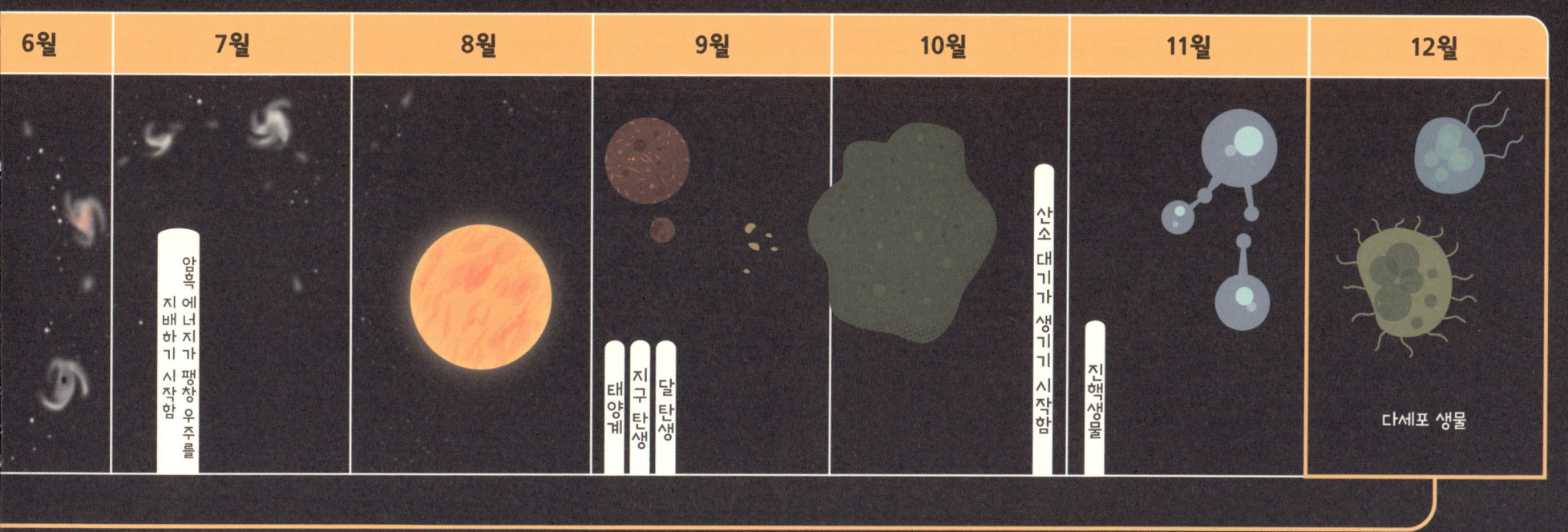

감사하는 말

세다드 카이드-살라 페론(@SheddadKF)

이 책의 교열을 봐 준 다비드 페르난데스(www.telescopiomania.com)와 아구스티 핀토에게 감사드립니다. 두 사람은 대학 시절부터 밤하늘 관측 취미를 공유해 온 친구들입니다. 교열과 교정 작업을 해 준 헬레나에게도 감사드립니다. 이 책에 대한 아이디어를 나눠 준 타레크와 우나이, 그리고 당연히 엄마에게도 감사드립니다. 모두 사랑해요.

에두아르드 알타리바(@eduardaltarriba)

이 책이 나오는 데 도움을 준 모든 사람에게 감사드립니다. 특히 훌륭한 작업과 함께 끊임없는 지원을 해 준 멜리에게 고마움을 표시하고 싶습니다. 또, 최종 완성본 원고를 읽으면서 우리가 미처 보지 못한 것을 지적해 준 사비 비야누에바, 호셉 보익스, 페레 알타리바, 피쿠 옴스에게도 감사드립니다. 또, 유익한 제안과 조언을 해 준 펩 보익스와 사비 비야누에바(@ishtarastronomia)에게도 감사드립니다. 물론 늘 함께해 준 페레와 로우르데스, 아드리아드나에게도 고마움을 전합니다.

또한 이 모든 것을 가능케 하고 계속 나아가게 한 모든 남녀 과학자들에게 감사드립니다.

글쓴이 **세다드 카이드-살라 페론**(Sheddad Kaid-Salah Ferrón)

물리학과 약학을 전공한 과학과 물리학 애호가이다. 학교를 졸업한 뒤 아이들에게 과학을 가르치며, 물리학을 계속 공부하고 있다. 제약 분야에서 일하며, 망원경으로 우주를 관찰하길 좋아하고, 지금은 인기 있는 과학 도서를 집필하고 있다.

그린이 **에두아르드 알타리바**(Eduard Altarriba)

그래픽 디자이너이자 일러스트레이터이다. 실용적이고 재미있는, 어린이를 위한 게임, 전시회, 애니메이션, 앱과 통합 문서를 제작하는 독립 스튜디오 알라바발라(Alababalà)를 운영하고 있다.

옮긴이 **이충호**

서울대학교 사범대학 화학과를 졸업하고, 현재 과학 전문 번역가로 활동하고 있다. 『신은 왜 우리 곁을 떠나지 않았는가』로 2001년 제20회 한국과학기술도서 번역상을 받았다. 옮긴 책으로 『진화심리학』, 『사라진 스푼』, 『이야기 파라독스』, 『화학이 화끈화끈』, 『59초』, 『내 안의 유인원』, 『많아지면 달라진다』, 『루시퍼 이펙트』, 『행복은 전염된다』, 『우주의 비밀』, 『세계의 모든 신화』, 『루시—최초의 인류』, 『처음 읽는 양자물리학』, 『처음 읽는 상대성 이론』, 『공포의 먼지 폭풍』, 『흙보다 더 오래된 지구』 등이 있다.

감수 **김선배**

동국대학교 수학과와 물리학과를 졸업한 뒤 동국대 대학원에서 물리학 박사 학위를 받았다. 지금 동국대 자연과학연구원 연구교수 및 강의교수, 동국대 과학영재원 책임교수로 학생들을 지도하고 있다. 새로운 주제를 개발하는 데 관심이 많고, 각 대학의 과학영재원 사사과정 발표대회의 물리학 부문 심사위원을 맡는 등 영재교육 관련 분야에서 많은 활동을 하고 있다.

처음 읽는 코스모스

1판 1쇄 인쇄	2021년 4월 25일
1판 5쇄 발행	2023년 11월 25일
글쓴이	세다드 카이드-살라 페론
그린이	에두아르드 알타리바
옮긴이	이충호
감수	김선배
펴낸이	조추자
펴낸곳	두레아이들
등록	2002년 4월 26일 제10-2365호
주소	(04075)서울시 마포구 독막로 100 세방글로벌시티 603호
전화	02)702-2119(영업), 703-8781(편집), 02)715-9420(팩스)
이메일·블로그	dourei@chol.com / blog.naver.com/dourei

• 책값은 뒤표지에 적혀 있습니다. 잘못 만들어진 책은 구입하신 곳에서 바꾸어 드립니다.

ISBN 979-11-91007-04-6 73440

처음 읽는 시리즈

누구나 이해하기 쉬운 설명, 재미있고 재치 있는 그림과 구성으로
복잡하고 까다로운 과학의 세계를 설명해 주는 '처음 읽는 시리즈!'

처음 읽는 양자물리학　　세다드 카이드-살라 페론 글 | 에두아르드 알타리바 그림 | 이충호 옮김 | 김선배 감수

양자물리학이란 무엇이며, 우리 일상생활에 어떤 영향을 미치는가? 까다로운 양자물리학의 역사, 개념부터 이론들까지 양자물리학의 모든 것을 이해하기 쉬운 설명과 그림으로 들려주는 놀라운 책! 아이는 물론 온 가족이 함께 '처음 읽는' 양자물리학 책이다.

처음 읽는 상대성 이론　　세다드 카이드-살라 페론 글 | 에두아르드 알타리바 그림 | 이충호 옮김 | 김선배 감수

아인슈타인의 상대성 이론은 시간과 공간에 관한 이론이다. 그럼, 우리가 다 안다고 생각하는 시간과 공간, 속력, 운동이란 과연 무엇일까? 이 개념을 이해하고 나면 아인슈타인처럼 특수 상대성 이론을 통해 세계를 이해할 수 있고, 실제로 우주에서 일어나는 일들도 알게된다. '처음 읽는' 시리즈 두 번째 책이다.

처음 읽는 에너지　　요하네스 히른· 베로니카 산스 글 | 에두아르드 알타리바 그림 | 이충호 옮김 | 김선배 감수

불의 발견, 물과 바람, 열과 증기, 태양열과 원자력 등을 이용해 에너지를 얻는 방법에서부터 에너지를 효율적으로 생산하고 배분하는 스마트 그리드, 우주 탐사선이 에너지를 얻는 방법에 이르기까지 에너지의 생성, 측정, 활용 및 변환 방법과 에너지의 역사를 생생한 그림과 함께 알기 쉽고 재미있게 설명해 준다. 우리 주변 어디에나 있는 '에너지'란 과연 정확히 무엇일까?

처음 읽는 전자기학　　세다드 카이드-살라 페론 글 | 에두아르드 알타리바 그림 | 이충호 옮김 | 김선배 감수

오늘날 전기와 자기는 사방에 널려 있고, 전기와 자기 없이 작동하는 것은 찾기가 힘들다. 그런데 전기란 대체 무엇이고, 전기는 자석과 무슨 관계가 있을까? 또 자기란 무엇일까? 더 흥미로운 질문이 있는데, 이 모든 것은 '빛과 무슨 관계가 있을까? 환상적인 전자기학의 세계를 탐험하다 보면, 이 질문들은 물론 여러분이 궁금해하는 많은 질문에 대한 답을 찾을 수 있을 것이다.

처음 읽는 미생물의 세계　　세다드 카이드-살라 페론 글 | 에두아르드 알타리바 그림 | 이충호 옮김 | 이장훈 감수

땅이건 바다건, 심지어 우리 피부를 비롯해 어디를 바라보건, 모든 곳에는 너무 작아서 보이지 않는 생물이 있는데, 이를 미생물이 부른다. 단 하나 또는 여러 세포로 이루어진 이 작은 생물들은 지구의 모든 생물이 살아가는 데 꼭 필요하다. 미생물 중에는 우리에게 이로운 것도 있고 해로운 것도 있다. 다윈 박사와 함께 흥미진진한 미생물의 세계로 여행을 떠나보자!

처음 읽는 건축의 역사(근간)　　베르타 바르디 이 밀라 글 | 에두아르드 알타리바 그림 | 이섬민 옮김

이글루, 오두막, 대성당, 피라미드, 초고층 빌딩 등 인류의 역사와 함께 발전해 온 건축물과 건축가들의 이야기를 들려준다. 소박한 주택에서 경이적인 마천루, 파르테논 신전에서부터 부르즈 할리파에 이르는 상징적인 건축물들을 시대순으로 흥미롭고 자세히 설명해 준다. 건축의 역사가 이 한 권에 모두 담겨 있다!

▶ '처음 읽는 시리즈'는 계속됩니다!